战略决定一切

陈东升 著

图书在版编目（CIP）数据

战略决定一切 / 陈东升著 . -- 北京：中信出版社，2024.8. -- ISBN 978-7-5217-6778-0

Ⅰ . F272.3

中国国家版本馆 CIP 数据核字第 2024RJ6902 号

战略决定一切

著者： 陈东升
出版发行：中信出版集团股份有限公司
（北京市朝阳区东三环北路 27 号嘉铭中心　邮编　100020）
承印者： 北京盛通印刷股份有限公司

开本：787mm×1092mm 1/16　　印张：18.5　　字数：215 千字
版次：2024 年 8 月第 1 版　　印次：2024 年 8 月第 1 次印刷
书号：ISBN 978-7-5217-6778-0
定价：88.00 元

版权所有·侵权必究
如有印刷、装订问题，本公司负责调换。
服务热线：400-600-8099
投稿邮箱：author@citicpub.com

目标纯正,心无旁骛,
做正确的事,时间就是答案。

目录

推荐序　企业家精神与中国经济转型　周其仁　/ VII
自序　做正确的事，时间就是答案　/ XI

第一章 | 定位 |

定方向、选赛道：做什么生意？做什么人的生意？　/ 004
理解商业模式：打造企业核心竞争力　/ 011
穿越周期：寻找第二增长曲线　/ 016
透视增长：企业发展的四种原理　/ 020

第二章 | 战略 |

战略就是不断聚焦　/ 028
三年决定生死　/ 032
抓住战略机遇期，实现超常规跨越式发展　/ 035
以终为始，才能善始善终　/ 038

第三章 | 治理结构 |

法人治理是战略的制度保证 / 048

经营治理是战略落地的第一要务 / 059

第四章 | 执行 |

战略共识就是执行力 / 092

战略执行要有清晰的路径与抓手 / 097

战略目标要跳起脚够得着 / 102

战略执行要做好过程管理 / 107

第五章 | 风险 |

战略选择：坚定走专业化道路 / 116

认识风险：控制杠杆，保持现金流 / 120

管理风险：构建全面风险管理体系 / 126

坚守底线：合规是商业永续的基础 / 130

企业家要自律：保持理性、尊重规律 / 133

第六章 | 创新 |

商业创新的本质是便捷和实惠 / 142

创新方法论：从率先模仿到自主创新 / 144

创新是熬出来的，要积累千钧之力 / 149

创新是一个永续的过程　/ 152

开创新寿险，引领寿险新时代　/ 158

第七章 | 价值观 |

价值观是战略的基石　/ 166

价值观要合法理、守底线　/ 169

价值观要合情理、顺人性　/ 173

价值观要符合行业特性，在实践中不断迭代完善　/ 179

价值观不能挂在墙上，要在实践中检验　/ 183

价值观要凝聚企业精神，指导实践　/ 186

结语　商业向善　/ 191

附录　致敬这个伟大的时代　/ 199

泰康来源于社会，立志全心全意报效社会　/ 206

泰康永远　/ 208

迈向未来新的十年　/ 212

成就伟大梦想，建设美好家园　/ 221

让保险闪耀人性的光辉，让生命的旅程流光溢彩　/ 232

初心不改，商业向善，全面推进长寿时代泰康方案　/ 241

拥抱新寿险，迎接行业高质量发展　/ 253

致谢　/ 265

推荐序

企业家精神与中国经济转型

周其仁

通常所讲的中国经济转型，包括两部分。其一是党和国家工作重点转向经济；其二是经济体制从计划转向市场。经济转型影响改革开放以来数亿中国人的日常生活，在波澜壮阔的变革中涌现无数精彩故事，值得记录和总结。

转型最难点在于微观基础。回想四十余年之前，最普遍的经济组织并不是企业，而是"单位"。它们数目极其庞大、分类非常多样，但经济性质却很是单一：清一色国家所有或集体所有，自上而下靠行政命令配置资源，普遍效率低下又缺乏自主变革动力。讲到底，它们不过都是苏联式超级国家公司的附属机构。

1979年，前辈学者、时任中国社会科学院工业经济研究所所长蒋一苇先生发表《企业本位论》。文章问道："经济体制改革应当从何处入手？"他的答案是，重建国民经济之基——具有独立经营、自主发展能力的企业。这意味着，发展经济再不能以国家行政权力为本，再不能以内行计划命令的超级国家公司为本，而必须以独具自主能力的企业为本。

几十年后回头看，不能不感佩蒋一苇先生的远见卓识。不是吗？遍看今日国民经济，最活跃、最平常、最普遍的微观细胞就是各类企业。绝大多数就业，是在企业的就业，绝大多数经济决策，是企业的决策，惊人庞大的国民经济总量不过是企业产出加总之和。就是屡占新闻头条的宏观调控，也是试图运用政策工具，间接约束和影响企业决策与行为。

倘若回顾，一个根深蒂固以国家为本位的社会，究竟是如何转向以企业为本位的市场经济，那么除了到思想政治伟大变革里寻找答案，我们还必须到改革第一线，在那些敢为天下先的创制企业的实践者那里，发现乾坤扭转的真正秘诀。

简要梳理一下，当下活跃于中国经济里数以千万计的企业，大致上有三条来路。第一，改革原国企与集体所有制企业；第二，开放引进外资企业；第三，新兴民营企业。这三大"企业发生物种"当中，又各有具体路径、演化机制相异的细分类别，共同构成极为丰富多彩的中国企业种群生态。

本书提供的，是改革开放后新创办民企里的一个精彩案例。故事开头，是1983年一名应届大学毕业生从武汉到北京一个国家单位报到；故事主线，是本书作者怎样从国家单位"书生下海"，开启创办一家民营企业的艰难历程；故事结局，则是在全球市场经济的汪洋大海里，从此多出一艘被标记为"世界500强"的商业巨轮。身为中国经济变革的观察者、研究者，理性上再冷静、再客观，怕也难掩感性上的激动：这样的故事究竟是怎么在一代人之中发生的？

当然归结为改革开放大时代。不过也不尽然，因为同一个大时代里多少下海豪杰，包括高学历书生下海办企业的，出师未捷、壮志未酬的也所在多有。那么，是不是本书作者鸿运高照、运气特好？有点道理。但潮起潮落几十年，运气老是眷顾陈东升，时间老是做泰康的朋友,怕总有运气解释不了的法门吧?

　　这正是本书引人入胜之处。时代、环境、潮流、运气,哪样都不可缺,但是要集万千有利因子于一家企业之身,企业家的谋划、运筹、决断能力以及组织能力,断不可少。所有成功的黄金组合之中,那些可遇不可求的时与势,实在勉强不得,想搬也搬不来。但那些可作为、可学习、可能动发力的,特别是经由本书作者那样用心概括、提炼和总结的他山之石,就是明眼人不会轻易放过的宝贝。

　　读书怕也要以问题为导向吧?我读此书的向导,除了多年关注中国经济转型,特别是如何从单位本位转向企业本位这样一条大线索,还有一条与民企特别相关的小线索。那就是,白手起家的民企,究竟如何通过"本事–本钱"的交替互换,逐步积累起对付市场不确定性的企业之本,持之以恒,以本博利、以利固本,最后在市场里成就一家了不起企业的梦想。朋友,你不妨也试试,带着一条问题线索开始阅读,并通过阅读本书,得出启迪自己的认知。

　　最后,当社会转入以企业为本位的发展路径,经济画卷的展开无论如何总与过往不同。不会一条大道笔直向前,转型的起起落落在所难免。在每个重大转变的关键节点,企业家精神和企业家本事都具有特别的价值。在这个意义上,来自实践当事人亲自提炼和概括的经验总结,是给未来继续深化的经济转型,给未来的企业人,献上的一份精神食粮。

　　是为序。

2024 年 6 月 30 日
于北大承泽园

自序

做正确的事，时间就是答案

1983年8月，我26岁，从武汉大学毕业，提着上大学时朋友送的人造革皮箱，拎着一个装着洗漱用具的网兜，乘142次火车只身抵达北京，到现在已经四十余年。

那时候中国的改革开放刚刚开始，我怀着成为一名学者的梦想，进入对外经济贸易合作部国际贸易研究所发达国家研究室工作，从来没想过自己会下海创业。所以1992年我开始筹备创办拍卖公司和人寿保险公司，也就意味着我放弃了当初的理想，更换了人生的赛道。

我是书生下海，一开始不懂商业，更不用说经营企业。从1993年中国嘉德成立，到1996年泰康人寿创办，再到2007年泰康开启医养探索，这三十多年我从学着做好一个董事长到努力成为一个好的CEO（首席执行官），一路摸索学习走过来，经历了不少挫折，也有很多收获和思考。最深的体会就是，战略决定一切，战略聚焦就是最大的效率，所有领域都要围绕战略，所有资源都要服从战略。

一

在正式开始这本书的主题之前，先跟大家一起回顾一下我是怎么从一个理论青年走上企业家之路的，也就是我选择下海的初心。这也是我想跟大家沟通的第一个问题：开始创业的时候，我们首先一定要真诚地面对自己——搞清楚自己为什么要创业。

我认为初心是长期支撑一个人、一家企业、一个民族向前发展最本质的理想和最原始的动力。一个人选择创业不能只是为了赚钱。我不是说赚钱不对，企业家就是创造财富的人，企业是创造财富的组织。没有企业家和企业的创造将蛋糕做大，经济的高度发展就无从谈起，我们的共同富裕也就没有基础。但是，如果只是为了赚钱，你很难在这场漫长的战斗中坚持到最后。

我出生在湖北天门这样一个小县城的革命家庭，父母亲都是京山人。父亲16岁加入新四军，参加了抗日战争和解放战争，新中国成立后转业到天门。少年时代的我是一个彻彻底底的革命少年，那时候社会上还没有"企业家"这个概念，我也从来没有想过自己会成为企业家。中学的时候我读了《马克思传》，立志做一个革命理论家，改造社会、造福社会。恢复高考后，我考上武汉大学政治经济学系，梦想成为一名学者，为改革献计献策、经世济民。1983年毕业的时候，我在珞珈山的石头上刻下一个"千里之行，始于足下"的"始"字，作为对开启新人生阶段的期许。

我的第一份工作是在对外经济贸易合作部国际贸易研究所发达国家研究室研究世界经济和国际贸易，那时我在《红旗》《世界经济研究》《世界经济导报》等期刊、报纸上发表了很多研究论文，开始在学术界崭露头角。在这期间，湖北出了一本轰动全国的杂志《青年论坛》，我担任北京记者站站长。1985年春天，《青年论坛》杂志社在广州召开了一个全国理论工作会议，邀请我参加。参加会议的大部分人来自社会科学和哲学领域，有很有名的学者，我是为数不多学经济学的。大家讨论的话题围绕"中国为什么落后"展开。有的人讲是因为当年批判马寅初的人口论，多生了3亿人；有的人讲是因为闭关自守；有的人讲是因为传统文化。那时候有一本很畅销的书是柏杨的《丑陋的中国人》，里面写中国穷，根源是文化的劣根性……

在当时的经济条件下，我认为：当每个中国人都想富起来的时候，这个问题就解决了；每个人都想富起来的时候，这个国家就有希望了。当时所有人，包括我自己都觉得这是天方夜谭，这个假设是不可能成真的，没想到今天变成了现实。但即便是在那个时候，我仍然没想过自己会去创业。

1988年，我到《管理世界》杂志社任副总编辑，参照美国《财富》[①]、日本《钻石周刊》等国际杂志的惯例，以销售额为评价标准，开中国大企业评价先河。在这之前，中国企业分类都是以计划经济时代的工业产值和一级企业、二级企业进行的。第一年我们评出了"1987年中国100家最大工业企业及九大行业50家"。在100家最大工业企业中，前五位依次是大庆石油管理局、

[①] 《财富》杂志创立于1929年。从1955年开始，《财富》杂志开始按销售额对上一年度美国最大的500家工业企业进行排名，第二年对非工业企业进行类似评价，到1983年发布500家服务业大公司名单；1990年和1991年，该杂志分别开始对全球工业企业和服务性企业进行排名；我们现在熟悉的《财富》世界500强排名则是从1995年开始的，涵盖工业企业和服务性企业。

鞍山钢铁公司、武汉钢铁公司、上海石油化工总厂和北京燕山石化公司，当年销售额以人民币计价分别约为 63.42 亿元、61.61 亿元、49.55 亿元、41.60 亿元和 40.99 亿元；采矿业和冶金业占了 63 家，万宝电器公司是唯一一家集体所有制企业，也是广东省唯一进入榜单的企业。[①] 由此我得出一个重要结论——我国工业主体结构还处于工业化初级阶段。

因为都是以销售额为评价标准，所以就能够进行国际比较。在与世界 500 家大企业进行对比研究时，我发现大企业数量排名第一的美国有 160 多家，第二名日本有 110 家，之后依次为德、法、英，各有 50 余家上榜。所以我当时就有一个很深的认识，到今天仍然如此：一个国家经济的强弱和该国大企业的多少是正相关的，没有一定数量的在国际上数得着的大企业，国家的富强无从谈起。

《管理世界》一开始是一帮在党中央、国务院高层咨询决策机构工作的年轻人筹集几千元钱创办的，他们自己找机构挂靠，先是挂在《经济日报》下面，后来挂到国务院发展研究中心。因为自负盈亏，所以就有很大的自主性，这给了我们很大的空间。我深刻体会到一个组织、一个经营实体对激发有创新创造能力的年轻人活力的巨大能量。当时我套用阿基米德的话说：谁要给我一个机构，我就可以撬起地球。于是我毅然放弃了做学术的梦想，坚定地下海创业，立志做一家世界 500 强企业，从坚定支持教育报国、科技报国向致力于实业报国转变。

---

① 本刊中国企业评价中心.1987 年中国 100 家最大工业企业及九大行业 50 家评价（一）[J].管理世界，1989（1）：130-139.

做什么产业可以成就一家世界500强企业呢？1990年我随中国青年代表团在日本进行了为期一个月的访问。当时在国务院发展研究中心工作的我的好朋友魏加宁在东京大学任客座研究员，访问之余他带我到处去走走看看。我清楚地记得，新宿的摩天大楼顶上最醒目的广告牌写着"日本生命"。我就问他"生命"是什么意思，他说"生命"就是人寿保险。那时，我心里就埋下了做一家寿险公司的种子。后来看到一本书中写保险公司在日本经济起飞的过程中发挥了重要作用，这给了我很大的启发。人寿保险不仅可以做大，而且是耐心资本的核心提供者，在推动社会经济发展方面可以发挥重要作用。还有那时的华人首富不是后来家喻户晓的李嘉诚，而是台湾国泰人寿的蔡万霖。因为有了这些印象，所以我对人寿保险一直保持很强的敏感性，特别是当时美国《财富》评出的榜单里，有很多都是保险公司。

1992年，邓小平的南方谈话将改革开放推进到新的阶段，确定了改革的方向，国家体制改革委员会颁布的《有限责任公司规范意见》《股份有限公司规范意见》第一次为民间创办企业提供了制度保障。那时候我已经在筹备申请创办嘉德拍卖公司，但是我心里清楚，拍卖行业是小众行业，不能承载我创办一家世界500强企业的梦想。

一个偶然的机会，我听陆今迈说中国化工进出口公司、中国粮油进出口公司、中国远洋运输公司、中信银行等四家国企正在谋划筹建一家联合保险公司，做财险业务。中国人民银行说国家鼓励寿险发展，建议它们做人寿保险，但它们说对寿险不熟，最终还是选择了财险。我一听心就活了：这么好的机会，你们不做，我来做。当天晚上，我一夜无眠，第二天跑到王府井的新华书店，把所有关于保险的书都买了回来，高高的一摞，自己感觉这个寿险公司已经存在了。

所以我创业的初心，就是见证改革开放后中国走向工业化、城市化、现代化的过程，通过投身金融保险业实现产业报国的理想。到1993年初，我成为第一个到中国人民银行申办人寿保险公司牌照的人。当时所有人都没有看到人寿保险的重要性，都在申办证券公司牌照、信托公司牌照、城市信用合作社牌照，只有我一个人在申办人寿保险公司的牌照。但是三年过去，牌照迟迟申请不下来。有朋友劝我放弃，或者申请其他金融公司牌照，我矢志不渝，非人寿保险不做。到1996年，当国家批准了首批保险公司牌照的时候，许多人才蜂拥而至。就是因为有这样一个初心，我不会因为社会的变化，不会因为道路的艰难，不会因为别人的劝阻就放弃。

泰康于1996年成立，2018年跻身《财富》世界500强榜单，到2024年已经连续七年上榜。特别是从2020年开始，中国公司在《财富》500强中的数量达到124家（不含台湾数据），历史上第一次超过美国（121家）。其实这么多年来，美国、英国、法国、德国、日本等发达国家的世界500强企业数量都在减少，只有中国的企业在不断增加。这就是改革开放四十多年的伟大成就和中国企业的成长。

现在中国已经进入深度老龄社会，正在走向长寿时代。长寿时代，百岁人生，人人带病长期生存。所以未来健康和养老就是最大的民生，也是最大规模的经济。泰康从2007年开始进入养老服务领域，经过十七年的坚定探索与实践，其传统人寿保险与实体医养服务结合的创新，已发展成为包括长寿、健康、财富三个闭环的大健康产业生态体系战略，搭建起"从摇篮到天堂"全生命周期的产品与服务体系，正在改变老年人对生命的态度和生活方式，为应对长寿时代的挑战提供了一个企业解决方案。我也超越了做一家世界500强企业的初心，找到了作为一个企业家的真正价值和使命。

二

解决了创业原始动力的问题，具体到企业管理与经营层面，我说战略决定一切，那什么是战略呢？

我认为战略是长期主义的价值观与方法论，就是目标纯正，心无旁骛，做正确的事，时间就是答案。大部分人理解的企业战略可能是企业相对长期的发展方向，也可能是中期的战略路径，还可能是短期的战略规划或战略目标，但这只是战略最为具体的层面，是小战略的概念。

具体的小战略和企业的愿景、使命三位一体，构成了完整的企业战略。愿景和使命是方向性的，愿景是企业自身的发展目标，使命更高一层，是企业能够给社会带来的价值和意义，指向一种外部性。在这两者的基础上，企业具体的小战略才有现实价值。小战略是实现企业愿景与使命的途径与方法。

对于企业家来说，最重要的是要有整体战略思考的逻辑框架与执行的方法论，关注定位、战略、治理结构、执行、风险、创新和价值观七个方面，解决明方向、选赛道、定战略，推动战略落地，以及企业长期生存与发展三个层面的问题。我说战略决定一切，是从这个层面来讲的。

战略首先要解决方向的问题，明确组织要往何处去。第一是认清现在所处的位置和拥有的资源与能力，第二是明确未来的目标和要实现的价值，第三是确保在朝着这些目标前进的过程中不偏离方向。

方向对了，道路才能越走越宽阔，我们长期的积累和坚持才有价值。所以我们要站在万米高空，身处百年时空观察这个世界，这样才能有远见与坚持，才能不出现偏差，才能看得更早、更远。1978年开启的改革开放把中国的国家战略转向以经济建设为中心，带来了后续一系列的改革，建立起社会主义市场经济制度和体系，取得了举世瞩目的成就。在这个过程中，不同类型的企业都得到了蓬勃发展，特别是民营企业，从无到有，从小到大，由弱变强，在中国经济舞台占据重要位置。

对于企业来说，定位就是选行业赛道和确定商业模式，是确定企业战略的基础和前提。核心是解决做什么生意和做什么人的生意，赚什么钱和靠什么赚钱，未来如何持续赚钱三个最为本质的问题。所以是定位决定战略，战略决定一切。

找准了赛道，才能进入企业层面的战略，也就是基于企业的使命、愿景，明确企业发展方向，制定具体发展目标，并寻找实现目标的方法与路径。

战略是长远的也是眼前的，是抽象的也是具体的。所以战略要解决的第二个问题是战略落地的问题，也就是实现战略的路径、能力与资源。

理想和现实之间隔着万里长城。要让纸面上的战略变成现实的商业模式，中间有很长的路要走。这就是我以前总结的，一家企业的成长，三年决定生死，五年站稳脚跟，八年打下基础，十年小有品牌，二十年才能长成参天大树。

具体到战略执行，最重要的是形成共识，共识就是执行力。当所有管理者与员工对公司的目标非常清楚，知道公司要什么的时候，执行力就自然而然形成了。

有了共识，还要有支撑战略执行的能力和资源。这很好理解，"兵马未动，粮草先行"。这些能力和资源包括跟商业底层逻辑相关的产品力、客户力和销售力，以及人力资源和财务资源。这些都不是一蹴而就的，需要长期积累、长期经营。

好的治理结构是战略落地的制度保证、组织保证和人才保证。治理结构分为两个层次：一个是法人治理，是以所有权为核心的权责利体系，从制度层面保证战略决策的有效性；再就是经营治理，是以经营权为核心的权责利体系，主要确保战略落地的组织效率和资源配置的效率。

所以创始人和企业家作为股东和董事会的代表，最重要的就是看方向、定战略以及追踪战略实施的结果，以 CEO 为核心的经营管理层的核心任务就是推动战略落地。

企业不但要善始，更要善终。任何行业和企业都有自己的生命周期，在激烈的市场竞争中也面临着各种风险和挑战，所以战略要解决的第三个问题，是企业的长期生存与持续发展问题。这也分为三个层次：第一是风险，关乎企业的生死存亡；第二是创新，关乎企业的长远发展；第三，也是最重要的，是价值观，它是战略的基石，保证企业朝着正确的方向发展，确保公司战略是在做正确的事，不管战略如何变，企业的价值观不能偏。

从商业的角度来讲，做正确的事，最终走向商业向善，不作恶、不骄横是底线；再往上一层，就是以人为本，要赚客户愿意给你的钱，赚客户高兴给你的钱，赚客户长期高兴给你的钱；终极目标是造福社会。

所以企业竞争本质上是战略的竞争。我认为做企业就是写一篇大文章。先想好结构、如何开篇和结尾，以终为始，善始善终，中间不受任何诱惑，不做没想好的事情，不做跟战略不相关的事情。

三

战略从哪里来呢？归根结底是企业家的认知。

企业家的思想深度决定认知的深度，认知的深度决定战略的高度。对企业家来说，解决战略的问题，根本上是解决认知的问题。只有你的认知到了，才能想到，想到才能做到；想得越远、想得越深、想得越透，你的战略就会越坚定。马云就是坚信互联网能够改变世界，才有了阿里巴巴"让天下没有难做的生意"的使命。王传福坚信清洁能源的时代一定会到来，二十多年坚持做电池和新能源车，让比亚迪成为全球电动汽车电池的龙头企业和中国新能源汽车制造商中的领军企业之一。

中国的企业家是跟着中国的市场经济一起重新启蒙和发展起来的。四十多年的改革开放，前二十年是改革的年代，也是创业的年代，宏观上建立了社会主义市场经济的制度和体系，微观上掀起了84派、92派、海归网络派三拨企业家创业的浪潮，推动了中国现代企业制度的建立和创新创业体系的完善。中国加入WTO（世界贸易组织）后开始全面融入全球市场，我们的企业制度、资本市场和企业家精神基本完善并成熟，这一阶段的创业者与全球商业精英面对同样的创业环境。

所以20世纪90年代我们开始创业的时候，国内的市场经济制度和体系刚刚开始建立。我们几乎从零开始，形成对商业和市场的认知。在这个过程中，论坛、财经媒体、商业出版以及商业教育给了我们很大的帮助。当然，当时的商业理论、商业案例乃至商业偶像，基本都来自国外和我国港台地区。

最早是论坛热。改革开放刚开始，我们国家就有代表团去瑞士达沃斯参加欧洲管理论坛（1987年更名为世界经济论坛）。到1981年，欧洲管理论坛与中国企业管理协会（中国企业联合会的前身）在国内合办了第一届企业管理国际研讨会（中国企业高峰会的前身），同年还在人民大会堂举办了中国-欧洲商业领袖研讨会。后来我在《管理世界》杂志社搞500家大企业评选的时候，也学他们组织了类似的企业家座谈会。亚布力中国企业家论坛就是田源他们早年去达沃斯参会受启发而创办的，现在已经成为一个以思想性、建设性为定位的学习型企业家组织，可以说是中国企业家精神的一个道场。

后来财经媒体和商业出版发展起来。1985年，经济日报社创办了《中国企业家》杂志。早期机械工业出版社引进了很多国外商业领袖的传记和管理类书籍，后来是中信出版社，早年我在公司推荐《执行：如何完成任务的学问》、《杰克·韦尔奇自传》和《公司精神》三本书，前面两本就分别是由这两家出版社出版的。2000年的时候中央电视台创办了《对话》栏目，2001年通用电气的新任董事长兼CEO杰夫·伊梅尔特与中国IT（信息技术）业、家电业等的30位企业家在栏目中对话，影响很大。2002年，我也受邀到《对话》分享"中国企业如何面对跨国企业的竞争"。

在这一时期，商学院的MBA（工商管理硕士）、EMBA（高级管理人员工商管理硕士）课程也开始兴起。2000年外资入股泰康时，给我250万美元的援助费，我们就用这笔钱联合北京大学和武汉大学办了两个EMBA班，让泰康所有的管理人员（包括我自己）进行了完整的EMBA或MBA课程学习。

经过改革开放四十多年的实践，中国的创业者和企业家与市场共同成长，积累了丰富的经验与教训，诞生了一批具有国际影响力的企业和企业家。企业家之间的交流很多，商会也逐渐恢复和发展起来，而且从地方商帮逐步走向了校友商帮，我认为这是中国商业文明走向成熟的标志。

现在我是亚布力中国企业家论坛的理事长，也是湖北省楚商联合会的会长和武汉大学校友企业家联谊会的理事长，在参与论坛和商会活动的过程中，我从企业家身上学到了很多，同时自己也要准备演讲和分享，促使我不断学习和思考。我的很多重要的文章和思想，都是在这些平台上碰撞出来的。

今天我们进入高质量发展的新时代，未来经济的发展需要一代接一代的年轻人加入创新创业的大潮中。过去我说基本不看中国企业家和管理学的书籍，因为我们自身的积累还不够。现在我觉得中国企业家是时候把自己的探索、思考和认识分享出来了，让新一代的创业者与企业家从中国自己的商业实践和商业理论中汲取养分，在实现中华民族伟大复兴的中国梦里茁壮成长。

我也在此把自己对这三十余年的商业实践的总结与反思，特别是重大决策背后思考的逻辑分享出来，作为我们这一代人留给年青一代的礼物。希望前行者走出来的路，能够给后来者在实践的过程中提供一些参考，让他们能够少走一点弯路，走得更稳、更远。

这是我写这本书最重要的原因。

四

这本书也是一部泰康的思想史、实践史、创新史。为了方便大家理解，我先整体介绍一下泰康的发展历程，这也是我的自我认知不断提升和成熟的过程。

在1996年初拿到牌照后，我就把嘉德交给职业经理人团队，基本所有的精力都放在了泰康这边，从此两耳不闻窗外事，一心只读"泰康书"。

对于泰康的发展，我们有过很多次总结。比如，在泰康成立十周年的时候我们用"快速发展不失稳健，稳健经营不乏创新"来总结发展经验。十五周年时，我们总结出"因时而生、因市而兴、因势而变"，开始寻找发展的动力和意义。因时而生是讲泰康诞生的时代背景，因市而兴就是要抓住战略机遇，因势而变就是创新。在2020年泰康之家十周年庆典上，我又把泰康的发展提炼为"初心不改、创新永续、商业向善"，这也是泰康二十五周年司庆我演讲的主题。

总的来说，泰康整个集团的业务，都是在泰康人寿的基础上生长起来的。从本质上讲，这有两个逻辑。一个是人寿保险的逻辑，从1996年泰康人寿成立一直延续到今天。现在寿险仍然是泰康最核心的营收和利润来源，其间我们经历了2001年开启全国布局以及2009年价值转型两次大的战略调整。第二个是大健康的逻辑，从2007年进入养老服务领域开始，2012年泰康之家北京旗舰社区奠基，同年推出"幸福有约"产品，2013年提出"活力养老、高端医疗、卓越理财、终极关怀①"四位一体商业模式，2016年打造长寿、健康、财富三大闭环，最终到2017年构建大健康产业生态体系成为泰康整个集团的战略。

1996年泰康人寿成立的时候，我们只有个险业务部、团体保险业务部和投资部三个业务板块，2002年增加了银行保险业务。2006年泰康人寿在资产管理中心（原投资部）的基础上成立第一家子公司泰康资产，2007年基于团险业务部成立了泰康养老子公司，在企业员工医疗保障之外，启动政府医保和养老金业务。泰康也从一家业务单一的寿险公司，成长为一家综合保险金融服务集团。

后来泰康人寿又开辟了互联网和电话销售渠道，建立了创新事业部以及健康险事业部，幸福有约诞生后形成了新的客户群体与商业模式，我们创设了健康财富事业部。2015年成立互联网财产保险公司泰康在线，泰康人寿创新事业部更名为新业务事业部，启动网电一体销售模式。2016年泰康保险集团成立，泰康人寿成为独立子公司。

在泰康进行集团化之前，泰康人寿一直代行集团职能，所以2007年泰康开始试点养老服务的时候，是在泰康人寿体系内孵化的。2010年泰康之家投资有限公司成立，负责养老社区的投资建设；2013年泰康开启综合医疗探索，规划在全国建立五大区域医学中心，同时拓展到纪念园业务领域；2018年泰康战略投资拜博口腔。在此基础上，泰康成立了泰康健康产业投资有限公司作为泰康保险集团的子公司，现在又拆分为泰康之家、泰康

---

① "终极关怀"后来更改为"生命关怀"。

医疗和泰康拜博口腔三家公司。

泰康资产于 2007 年在香港设立了全资子公司，2015 年获批开展公募业务，并在此基础上于 2021 年成立独立子公司泰康基金。2016 年，泰康资产还成立了北京泰康投资，进入私募股权投资领域。

自此，泰康保险集团由三家保险子公司泰康人寿、泰康养老和泰康在线构成支付板块。其中，泰康人寿包括个险事业部、银行保险事业部、新业务事业部、健康保险事业部、健康财富事业部等主要业务部门；泰康养老以服务二、三支柱养老筹资为核心，搭建了针对企事业单位的团体业务和面向其员工个人及家庭的职域业务两大板块。服务板块涵盖泰康之家、泰康医疗、泰康拜博口腔三家子公司。泰康资产和旗下子公司泰康资产（香港）、北京泰康投资、泰康基金构成泰康的投资板块。

泰康的大健康产业生态体系战略，就是以传统人寿保险的保险业务和投资业务二维结构为基础，加上由保险资金投资运营的医养康宁服务实体，形成"支付＋服务＋投资"三端协同的三维结构，彻底改变了传统的人寿保险商业模式的底层逻辑，构建新寿险。我们也明确了这个战略实现的路径，就是做大支付、布局服务、投资与建设生态、数据科技驱动、打造软实力。现在泰康的工作就是不断丰富、完善和推进落实这一战略。

我觉得我做泰康就是在用毕生的精力写一篇企业的大文章。这篇文章从实现中华民族伟大复兴的梦想开始，写到我的自我期许与实业报国的初心，再写到泰康的具体实践，又写到了"长寿时代泰康方案"这样一个人类社会终极挑战的企业解决方案，到今天还没有写完，仍在继续。

第一章

定位

当前，中国的大部分企业还处在创业周期，虽然有的企业已经处在领导者交班的过程中，但是第一代的企业家作为创始人和核心股东，很多还在直接参与企业经营。像我在泰康有三个身份，是创始人和董事长，同时还兼任公司的CEO。三个身份三种角色，定位不一样，职责也不一样。比如企业的愿景、使命和价值观基本是创始人带来的，董事长代表股东和董事会，对企业的战略方向负责，而CEO的职责则是带领团队实现战略目标。

做企业也一样需要明确的定位。跟西方定位理论聚焦于成熟企业与成熟市场的竞争不同，这里定位的概念着眼于创办和经营企业的基本逻辑。一是在准备创业时，每个人都会对自己做一个盘点，基于自己现在的能力、拥有的资源去寻找实现梦想的路径，最根本的是要弄清楚自己能做什么；二是在企业创立后，根据企业所属的赛道和行业，以及企业的发展阶段，选择正确的发展方式。

在我看来，定位有三个层次：第一是定方向、选赛道，想清楚企业是"做什么生意"和"做什么人的生意"的；第二要找到属于自己的商业模式，研究透"怎么赚钱"和"靠什么赚钱"；第三，任何行业都存在周期，要解决现在赚钱，未来还能不能持续赚钱的问题。

所以企业家的时空观是最重要的，要看得远、看得准、看得深、看得透。但是也没有人能够从一开始就看到后续所有变化。还是那句话，方向对了，道路就越走越宽阔。

这一章，我先跟大家分享关于定位的一些方法与思考。

定方向、选赛道：做什么生意？做什么人的生意？

如何在时空变化中找到正确的方向，是每个创业者面临的首要问题。核心是"做什么生意"和"做什么人的生意"。

"做什么生意"就是行业定位，就是选赛道。对于创业者来说，一定要选一个好行业、大产业，水大鱼才可能大。所以，发展空间要足够大，天花板要足够高，行业生命周期要足够长，才有可能做成大企业。企业越大，越能承担更大的社会责任。当然，我一直也强调，行业不分贵贱，生意不分大小，细分市场细分再细分，你能够做到行业前三，也一定是令人尊敬的企业家。

关于行业和产业的选择，新技术毫无疑问是一个好方向。自工业革命以来，每一次技术的变革，都带来了经济社会的巨大进步，也诞生了一批接一批的代表性企业。比如第一次工业革命后的福特汽车、电气革命之后的通用电气、互联网时代的微软、移动互联网时代的苹果，以及现在的特斯拉和OpenAI，都可以说是一个时代的代表，它们改变和引领一个时代的发展。对于创业者来说，创办一家像这样具有开创性的企业是一件可遇不可求的事情，如果自己对技术有充分的信心，或者能够确信看准了未来的趋势，没有人会放弃这样的机会。

为什么不是所有人都适合这条路呢？因为不管是创业还是做其他事情，一定要发挥自己的长处，选择自己熟悉、感兴趣或者能够整合资源的领域。92派企业家里，像我、毛振华、田源和张文中都是学经济学的，对技术不了解，最后都选了金融服务业；王传福在上大学的时候就研究电池，后来下海创办比亚迪，一开始也是做电池；海归网络派早期的代表企业家里，马云不是搞技术出身，但是他看到了互联网，坚定相信互联网。

而更具普遍性的选择创业赛道的方法，我的经验是长期看人口、中期看结构、短期看宏观。

看人口，一是要关注人口结构的变化。工业化、城市化打破了传统自给自足的农业经济体系，带来中产人群的形成和不断壮大，构建起庞大的消费市场。同时，传统农业社会出生率高、存活率低、人均寿命短，形成典型的金字塔状的人口结构。到了工业社会，生育率降低，人均寿命大为延长，人口结构自然就演变成柱状，而人均预期寿命延长、生育率降低也带来老龄化的挑战和机会。随着老龄社会的不断深化，人类社会将进入百岁人生的长寿时代，人口结构可能从柱状转变为伞形，而且在高峰平台期老龄人口占比将长期超过1/4，这又带来对养老和健康医疗的巨大需求。

二是要关注人口的代际变化。这很容易理解，一代人有一代人的文化，一代人有一代人的生意。不同代的人有不同的消费趣味、观念、习惯和文化偏好。20世纪五六十年代出生的人，经历过物资匮乏的年代，保持了勤俭节约的习惯，虽然有消费能力，但是讲求实惠；70后、80后赶上了改革开放，面对国外品牌大量涌入，比较讲究品牌和品质；90后，特别是"Z世代"的年轻人，成长在互联网时代，物质条件好，重个性、追逐潮流。所以生意总是要更新换代的，就是再传统的生意里面，一个消费群体崛起后，也一定有代表这个消费群体的新型企业，老牌企业不跟上形势就会被淘汰。当一代人成为消费中心的时候，代表这代人的企业就崛起了。这代人不再是消费主力后，又有新的一代出现。所以企业也是生生死死，不断地迭代。

三是要关注人口需求的变化。马斯洛的五大需求层次理论相信大家都不会陌生。在新中国历史上，曾与我们生活密切相关的"三大件"，早期是手表、自行车、缝纫机，这是百元级的消费；从20世纪80年代开始又有了洗衣机、电视机和冰箱，这是千元级到万元级的消费；我也提出了21世纪"买车、买房、买保险"将成为新三大件的观点，消费等级上升到十万元乃至数百万元。

我认为最好的生意是抓住人的刚需——工业时代是衣食住行，服务业时代是娱教医养。对于企业家来说，最核心的是要抓住最具消费能力的群体，根据这些人群需求的变化来布局产业和调整产品。

在长寿时代，人们的预期寿命和健康寿命均大幅提升，两者之间的差距也不断扩大，带病长期生存成为一种常态。未来最大的需求、最大的供给和最大的创新都会在健康养老领域。

看结构主要是指在社会经济和产业结构的变化中寻找机会。美国百余年的繁荣，先后经历了工业时代、消费时代和数字时代三个阶段，每个阶段都产生了一批伟大的企业和企业家。

新中国成立七十余年来，形成了七大经济板块。以改革开放为标志，前三十年是计划经济时代，从156项重点工程到三线建设的再工业化，以及"两弹一星"国防工程，构造了我们今天的重工业和国防板块。这是今天以重工业、能源交通、军工航天及金融等领域的大央企为核心的国有经济体系的基础。

改革开放又滋生、发展和壮大了三个新的经济板块。第一个板块是以长三角、珠三角为代表的开放性的、出口导向的外向型制造业产业集群与供应链体系，深度与世界经济紧密相连。第二个经济板块的形成是因为我们赶上了科技革命与互联网时代。从门户网站到BAT（百度、阿里巴巴、腾讯）再到今天的美团、字节跳动，一批一批头部企业、高科技企业蓬勃发展，让中国成为全球最大的互联网消费经济体。第三个重要经济板块是基础设施和虚拟经济板块，主要包括政府的城投体系、房地产体系和银行金融体系。

现在我国进入高质量发展的新时代，城市化、工业化进程已经进入中后期，正在向后工业时代、服务业时代迈进。未来经济的增长，也从投资、出口驱动转向内需、消费驱动，从资源、规模驱动转向创新、效率驱动。国家也提出，要加快构建以国内大循环为主体、国内国际双循环相互促进的新发展格局。

未来，我们将迎接以双碳、清洁能源为代表的生态时代，以人工智能为代表的数智时代，以及人口老龄化、少子化带来的长寿时代，正在构建着绿色经济板块、数智经济板块和以大健康为核心的民生经济板块。"双碳+科技""健康+消费"成为推动未来经济增长的两大赛道。

所以在这七大经济板块中，第一个板块是以国有企业为主，制造业、互联网以及基础设施与虚拟经济这三个板块基本成熟，进入整合的时代，而绿色经济、数智经济以及民生经济等方兴未艾，这就给了创业者和企业家很大的机会和空间。

宏观经济的变化原则上不影响企业的定位与长期战略，但是企业要根据宏观经济的变化来调整短期发展的目标。泰康自1996年成立以来，虽然始终深耕寿险产业链，但也经历了三次大的战略调整。每一次战略的转变，都将泰康带往一个新高度。2001年，中国加入WTO，保险业进入对外开放的清单，但是那时候中国保险业刚刚起步，要与外资公司竞争就要快速做大。泰康迅速开启全国布局，做大规模。2009年，整个行业经过前期的快速发展，陷入长达三年的徘徊期，泰康开启价值转型，回归寿险本源。同时，泰康于2007年开始尝试进军养老产业，用十年时间布局医养板块，最终在2017年形成深耕寿险产业链、打造大健康产业生态的全新战略，现在又进一步演变为长寿时代泰康方案。

"做什么人的生意"就是客户定位。在确定创业的方向和赛道之后，企业战略首先就是对客户的定位。总的来说，客户可以分为三种，政府、企业和个人。做政府和企业的生意受非市场因素的影响很大，最好的生意是做个人的生意。

做个人的生意，一定要选数量多、消费能力强的客户群体。所有产品都要根据客户定位来设计，满足他们的需求。所以"做什么生意"和"做什么人的生意"两者相辅相成，互为因果（见表1-1）。

表 1-1　定方向、选赛道

做什么生意	做什么人的生意
衣食住行 / 娱教医养	政府（to G）/ 企业（to B）/ 个人（to C）
	男人 / 女人
制造业 / 服务业 / 高新技术产业	老年人 / 中年人 / 青少年 / 儿童
	高收入人群 / 中产人群 / 普通收入人群

创业之初我之所以坚定地选择寿险，就是看人口和看产业结构的结果。

1988年我在《管理世界》杂志社主持中国500家大企业评选的时候，发现《财富》评选出的企业中，保险公司有几十家，称得上是支柱产业。还有1990年我去日本访问，发现东京最繁华地段的摩天大楼，很多是保险公司。特别是当时一本书里写：保险公司在日本经济起飞的过程中发挥了重要作用。这给了我很大的启发，保险不仅可以做大，而且可以在推动社会经济发展过程中发挥重要作用。

当时商业保险在中国还属于新生事物。新中国成立以来我们一直沿用苏联的计划经济模式，计划经济的核心是整个国家就像一座大工厂，就像一个大保险公司，所有人的生老病死都由国家来担负，就没有商业保险存在的空间。因为二战后世界经济蓬勃发展，人们的生活水平不断提高，在基本需求得到满足后开始产生对安全、安定的需求，这是人寿保险发展的一个重要条件。

党的十一届三中全会后，我国逐步从计划经济过渡到市场经济。市场经济下，人才流动是必然的，这样个人就面临着养老、医疗保障等问题。所以向市场经济转型是人寿保险事业在中国发展的重要机遇。另一个机遇是随着生活水平的提高，人们对人寿保险有了需求，这也是保险发展的重要基础。而且中国具有庞大的人口基数。

记得当时有朋友已下海创业，想拉我入伙。我为什么不为所动？因为我知道《财富》的榜单里面没有这个行业的企业，说明他选的行业天花板比较低。之后我创立了嘉德，虽然经营发展得很好，但我依然坚定不移地申请寿险经营牌照，因为拍卖行业的发展空间有限，也进不了世界500强榜单。

寿险经营牌照的申请（包括前期准备工作）前后历时四年，过程中有各种曲折。很多朋友和拟议中的合作伙伴都等得不耐烦，说："东升，太难了，咱们算了吧。"央行的朋友甚至直接回复说："东升，如果你办证券公司、信托公司，就有希望。别折腾了。"但我铁定了心，非寿险不做，财险都不要，就要办人寿保险公司。那几年里我只要一有时间就到中国人民银行非银行金融机构管理司去汇报，从副司长到处长，以及年轻干部，看到我这么执着，对我都非常支持。

当时我心里就有一个朴素的信念，中国有十几亿人口，抬也能把我抬进世界500强。

当然，最重要的判断是中国中产人群将要崛起。中产人群是消费和投资的一体两面。中产阶层有闲钱了一定要去投资、理财，一定要买房子。房子买得差不多了，投资理财就是未来的常态，投资理财赚了钱干吗呢？旅游、消费，投资在孩子的教育上，以及规划自己的老年生活。一定要明白，最有消费力的不是有钱人，有钱人更多的是进行投资而不是消费，真正的消费主力是中产人群。

所以泰康就是抓住了两个风口：中产人群形成的时候，抓住人寿保险的风口；现在又抓住了老龄化时代、长寿时代到来的风口。

理解商业模式：打造企业核心竞争力

企业是唯一创造财富的组织。做企业，赚钱是最基本的要求。所以在选好赛道之后，第一要弄清楚的就是怎么赚钱，又靠什么赚钱。这要求我们看透商业模式的本质，然后打造属于自己的核心竞争能力。

在我看来，客户、产品和渠道的"金三角"是商业最底层的逻辑。客户和产品构成了市场，再通过销售渠道这个媒介将客户和产品连接起来，实现交换，就形成了价值，使市场顺利运转（见图1-1）。

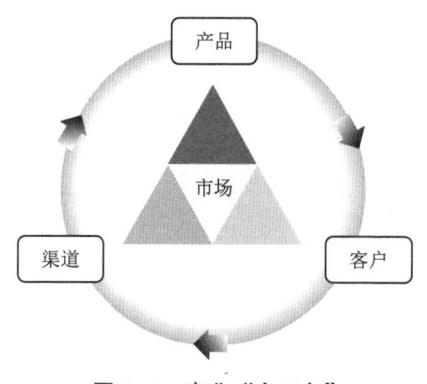

图1-1 商业"金三角"

客户与产品也是一体两面。客户是市场的核心，没有客户的需求就没有产品与服务的消费，市场也将没有存在的基础。这就是我在前文讲的企业定位首先是客户定位。对于客户来说，不管是实体产品，还是虚拟的服务产品，或者是实体产品和虚拟服务结合的综合产品，最终都要满足需求。所以企业的竞争，本质上是战略的竞争，归根结底是产品的竞争。企业所有的定位、战略、使命、愿景和价值观，最终都体现在产品和服务上。

渠道就是完成产品和客户交易的媒介或者中介。如果没有可靠、便捷、低成本的交易渠道或者交易方式，市场也很难迅速繁荣起来。企业一定要建立自己主导的销售渠道或者销售能力，就像每个国家都要建立自己的军队。去市场上"拼杀"，销售渠道不掌握在自己手里，这个仗怎么打？即便是像阿里巴巴和美团这种自己做渠道和平台的电商，也是通过"中供铁军"这样的地推团队发展起来的。

所以看一个企业的商业模式能否跑通、有没有竞争力、有没有发展前景、有没有投资价值，就要看商业"金三角"这个最基础的框架。有了这个框架，你就会明白该怎么赚钱，靠什么赚钱。你就找到了自己的核心竞争能力，或者说资源应该投入到哪些关键要素上。

如果你从事服务业，那么服务能力和品质就是你的核心竞争力；如果你从事制造业，你制造的产品、开发的技术或者提供的解决方案就是核心竞争力；如果你是一个渠道或者中介平台，那么交易的可靠性、便捷性和低成本就是你的核心竞争力。任何企业，不管是专注于客户、产品、渠道中的哪一个要素，只要做到极致，哪怕在一个细分、细分再细分的市场领先，也足以成为头部企业。当然，成功的企业通常是"金三角"三要素全面发力。

打造核心竞争力也是在构建你的商业护城河。以人寿保险为例，从商业模式的角度来看，传统人寿保险本质上是一个销售公司加一个投资公司，利润的来源就是费差、利差和死差。我们通过销售保单获取保费，形成长期资金进行投资。

保费是基础，没有保费就一切免谈。同时，费差是获取保费的成本和收益之间的差额。所以我们首先要打造销售能力，尽量以较低的成本获取更多的保费。而寿险公司销售能力的核心，就是代理人队伍等渠道的销售效率。这是从泰康成立的第一天起，一直在打造和投入的核心。1996年我们请台湾顾问团在北京市场打造了一支高素质、专业化的职业队伍，现在这批人中还有人在泰康服务。其间因为各种因素和战略的变化，这个模式在进行全国布局的时候只复制到了少部分分支机构。但是我知道那是正确的方向，所以这么多年我一直在推进和探索这支销售队伍的转型。在泰康保险与医养融合的创新带来新产品形态、新客户群体和新销售模式的基础上，我们打造了健康财富规划师（health and wealth planner，简称HWP）这一全新职业，才基本上找到了队伍转型的方向，现在这支队伍的建设是泰康人寿战略投入的重点之一。

投资直接带来利差，而且高的投资回报能够很好赋能销售年金以及分红险等保险产品，所以投资能力的建设很重要。泰康最开始的业务就是个人和团体的人身保险，有一个投资部。我们最早通过代理人把产品销售给个人和企业客户，银行保险、电话销售以及互联网销售兴起后，我们又跟银行合作，并自己建立了电话销售中心和互联网保险销售平台，投资部也发展成为独立的子公司。

泰康2007年决定进军养老产业，将美国的CCRC即持续照料养老社区模式带到中国，又成立了负责医养康宁服务体系投资、建设和运营的泰康健康产业投资有限公司。现在泰康保险集团旗下的三家保险子公司、一家资产管理公司以及下属子公司和医养康宁板块的泰康之家、泰康医疗、泰康拜博口腔三家服务公司建立了全面的销售体系、投资体系和医养服务体系，服务人全生命周期的健康和财富的规划、管理与服务。我们花了二十多年的时间，不断积累，才打造出今天的竞争能力。

现在泰康以保险、资管、医养三大业务板块为基础，构建"支付+服务+投资"三端协同的新寿险。"支付+服务+投资"三端协同的基础，对应着三大核心能力：支付对应着销售能力，服务对应从传统的保险保障服务到与医养结合的全生命周期的服务体系与能力；投资对应的就是长期复利能力。

同时，商业模式也决定了"什么钱不能赚"。所以定位除了明确选择做什么，还决定了"不做什么"。这点在我经营嘉德的时候，体会很深。

拍卖行就是一个中间商，是特别典型和单纯的渠道。我是作为一个外行闯到艺术品拍卖这个领域的。一开始对于拍卖，我只有早年看《新闻联播》中的拍卖场景留下的一点印象，对拍卖行到底是怎么回事、该怎么经营全无概念。

我到处请教专家，首先最重要的是弄清楚拍卖怎么赚钱。听人说有个人跟索斯比[①]很熟，我就专门去拜访他。他对拍卖也了解不多，聊了很多话都不是我想要了解的，直到聊天快结束的时候，他说了这么一句话："拍卖行向买家收10%的费用，向卖家

---

① 索斯比是当时苏富比拍卖行的中文译名。

收 10% 的费用。"这句话很关键,拍卖就是提供一个买卖双方的交易平台并且从中赚取佣金。

实际上这就是我们现在讲的商业模式。拍卖的商业模式看起来这么简单,但是越简单,门槛越低,谁都能进,竞争就越激烈,要做好做长就越难。而且拍卖是个小产业,特别是艺术品拍卖,中国市场的规模很小,客户就那么多,圈子也很小。加上拍品单价高,可以说是"奢侈品皇冠上的明珠",客户第一是怕买到假东西,第二是怕买贵了或者卖便宜了。所以拍卖行最核心的竞争能力就是自己的信誉,拍卖就是高度信誉垄断的行业。

当年索斯比的人跟我说:"拍卖一定要公正。卖贵了、卖便宜了都会伤客人。拍卖行不能跟买家卖家抢生意,只能做中间人。针对每件艺术品要写品相报告书,绝不能漏掉一点。一定要保证品质,不能欺骗别人,一定要诚实地跟人家讲清楚。为什么呢?因为欺骗了人家,人家迟早会知道的,知道了就不舒服,就会离开你。"

嘉德到今天依然生机勃勃,因为我们清楚认识到拍卖行只是一个平台,坚定坚持只做中间商,坚定坚持公平公正公开,坚定坚持不买不卖。拍卖行是一手托买家,一手托卖家,如果想做手脚,总会有机会。一个东西如果你买下来再卖,总想卖个好价钱,就可能会和买的人有冲突。要是你想便宜买某个东西,可以不把它放在拍卖册的封面,而是放在最后,或者跟别人说这件东西不值这个价钱,最后自己低价买下,这些做法对卖家和其他买家都不公平。只有不买不卖才能够公正地对待每一个客户,包括每一个买家和每一个卖家。

一定要记得,该你赚的钱就赚,不该你赚的钱不能赚。

第一章 定位

穿越周期：寻找第二增长曲线

每个行业和企业都有其生命周期。我记得早期看的关于比尔·盖茨的文章，说他的工作就是不断寻找下一个十亿美元利润池，这点给了我启发。作为企业家，你要不断思考：企业的下一个业务增长点在哪里？企业现在赚钱，将来这种方式还能不能赚钱？

穿越周期的方式主要有两种，一种是抓住新风口，开启新赛道，比如小米在智能手机市场成为红海后，又进入新能源汽车领域。还有一种是基于主业，实现产业链的延伸，比如百度从搜索转向人工智能是基于技术积累的自然延伸，泰康从人寿保险转向医养大健康是基于人口结构和客户需求的自然延伸。

人寿保险虽然在我国还处于高速发展阶段，但在西方已经有三百余年的历史。从国际市场发展经验来看，西方成熟市场的寿险业发展早已遭遇瓶颈。

以美国为例，美国寿险业自20世纪五六十年代达到发展高峰后市场占比持续萎缩。1950年美国寿险业金融资产一度接近总金融资产的15%，到1970年后该值下降到8%。传统寿险产品保费收入占人身险市场保费的比重从1950年的76%，降低到2010年左右的18%，最近十年才稍有提升，达到25%左右。而年金和意外及健康险在人身险市场的占比持续提升，分别从1950年的11%和12%，提升至2021年的45%和30%。

同时，从美国整体的商业意外及健康险市场和个人退休金市场来看，寿险公司所占份额也一直在下降。在商业意外及健康险市场，2021年寿险公司份额仅占16%，健康险公司份额占84%；在个人退休金市场，2022年寿险公司所占份额仅为5%，其他份额主要被共同基金、证券和信托公司瓜分。核心原因是传统寿险公司在20世纪80年代中期功能逐渐变得单一，仅仅发挥寿险对冲遗产税的作用，做家族财富传承业务，失去了在健康险和退休金市场中的竞争地位。

而互联网保险的兴起，特别是大数据、云计算以及人工智能等新技术在保险领域的应用，也在不断地蚕食传统寿险的生存空间。以80后、90后为代表的新生代人群正在成为保险的主力购买群，而新生代人群的消费习惯和消费行为已经互联网化。围绕新生代人群在当下社会中的痛点需求，用科技连接保险产品、服务和客户，构建围绕保险的消费、金融和医疗等生态群，已是当下各类互联网保险平台的普遍做法。大数据、人工智能等保险科技也正在推动产品、市场、渠道、定价、核保及理赔等保险价值链各环节的重塑。这些都给传统寿险的发展带来了冲击和挑战。

所以，虽然现在中国寿险业还在高速发展，但行业发展的最终趋势是不会变的。泰康要未雨绸缪，在做大做强寿险主业同时，也一直在观察和思考公司未来的发展。

因为人寿保险聚集了大量的长期资金，而市场上缺少足够的与之相匹配的投资标的，就存在资产负债匹配的问题。2004年泰康人寿的投资中心组建了一个团队研究这个问题，2007年，我们发现养老服务业可能是一个好的方向，开始尝试进军养老产业，后来又扩展到医疗康复领域。

医疗和养老产业，特别是医养实体的建设，资金需求大、投资期限长、回报较低，单从投资的角度来看，好像没有商业模式，不具备投资价值。但保险资金最大的特点就是规模大，且长期和稳定，对投资回报的要求也是长期、稳定。所以这两个产业的结合可以说是"天配"。

具体来说，保险资金投资医养产业至少有三个优势：一是资金优势，人寿保险公司积累了大量的长期资金；二是产品优势，保险公司有齐全的对接医养三支柱的保险产品体系；三是客户优势，保险公司沉淀了海量的保险客户。最重要的是，原来客户在保险公司买了养老保险、健康保险，在哪里养老、看病跟保险公司没有关系。泰康打造医养实体服务体系以后，客户可以通过购买养老保险，在泰康养老服务体系里安度晚年；通过购买健康保险，在泰康医疗健康体系里得到服务和治疗。

泰康2009年获得保监会批复的首个养老社区投资试点资格，2011年在北京昌平竞拍到首个养老社区用地，2012年首个泰康之家养老社区奠基。2012年，泰康把传统的人寿保险和实体的养老服务结合起来，推出行业首个"人寿保险+养老服务"的年金产品"幸福有约"。这个很简单的创新，就是传统的年金加未来入住养老社区的确认函，没想到产生了意想不到的化学反应。

因为幸福有约这个产品要对接未来高品质的养老，我们的标准定价是200万元保费，这就改变了寿险历史上不具有批量中高净值客户的历史。同时，要满足这样的客户群体全生命周期的健康财富需求，就需要高素质的销售人员，我们又打造了健康财富规划师这一全新职业队伍。而且因为有了实体的养老社区，就构建了一个现实的可感知、可体验的销售场景，开创了体验式营销的新模式，开启寿险销售革命。

中国寿险行业是 1982 年复业，到 1992 年友邦保险把代理人制度引入国内，开启了个人营销的大赛道，也带来了中国寿险业近三十年的高速增长。但是，这种传统发展模式已陷入困境，近年来整个行业增速放缓。从 2017 年到 2022 年，七家头部寿险公司[①]的新单价值[②]除泰康与历史峰值基本齐平外，均出现大幅负增长，其中有三家公司下降达 50%。根本原因是传统粗放式人海战术发展模式走到尽头，以及传统产品创新乏力，产品同质化竞争加剧。

但泰康拥抱医养，走出了一条"虚拟保险＋实体医养服务"的创新道路。从泰康之家、幸福有约、中高净值客户到健康财富规划师，再到体验式营销模式，泰康的这种创新形成了一个成熟、完善的逻辑，彻底重构了传统寿险"客户、产品、渠道"商业模式的底层结构，构建起三维的寿险新"金三角"，改变了传统寿险的经营与竞争维度，也开辟了寿险新赛道，为行业转型提供了方向和路径。

养老社区对幸福有约保险产品的销售具有强大的乘数效应，从首年的 300 余单，到 2023 年销售 4.6 万单，十余年增长超 150 倍。而且我们自己测算，每一张养老社区床位，可以支撑 20 张幸福有约保单的销售。2023 年底泰康规划了 6.9 万张床位，销售了 20 万张幸福有约保单，还有近 120 万张保单的销售空间，如果以每年 4 万张的速度计算，还能销售近 30 年。

未来三五十年，人类社会将进入百岁人生的长寿时代，带

---

① 七家公司指中国人寿、中国平安、泰康人寿、太平洋人寿、新华人寿、太平人寿以及友邦中国。
② 新单价值指寿险公司当期新收入的保费未来带来的利润的折现。

第一章　定位

病生存成为常态，养老、健康成为最大的需求，也是最大的挑战，长寿经济、健康经济将成为主流。我们将虚拟的保险支付与实体的医养康宁服务相结合，纵向整合全生命周期产业链，构建大健康产业生态体系，为解决长寿社会的挑战，满足长寿时代人们养老、健康的需求提供了一个企业解决方案，必将引领未来三十年甚至五十年的持续增长。

透视增长：企业发展的四种原理

　　作为唯一创造财富的组织，商业企业在社会经济发展中的作用无须赘述。不论是实现自我抱负，还是为承担更多的社会责任，做大做强几乎是融入每一个企业家血液里的冲动。但是怎么做呢？

　　在一个成熟市场，同等的技术条件下，连锁和杠杆的运用是常规的办法，但是企业要持续发展，还是需要发挥复利的效应和创新的作用。一家企业只要利用好连锁、杠杆、复利和创新这四个原理，甚至不需要全部做到，就有了做大做强甚至持续发展的基础。

　　连锁是最传统的快速发展和做大规模的方式。连锁这种模式最早出现在中国，山西票号用连锁的方式构建全国网络，山东的"瑞蚨祥"也采用了连锁的模式来扩展它的商业版图。它们各自的合伙模式也值得我们研究，这是中国对世界商业文明的贡献之一。

　　在互联网销售平台出现之前，传统企业通过建立连锁店或者分公司、子公司的形式扩大自身接触客户的渠道，促进产品、服务的销售，扩大品牌的市场影响力。每一个连锁的分支机构都意味着一个新的市场。现在商家进驻不同的互联网平台，本质上也是在用连锁的方式。所以实体连锁虽然看起来有些不符合现在企业的发展趋势，但是通过连锁迅速做大规模还是一种基础方式。实际上互联网平台同样在各地建立分支机构，通过平台的本地化运营，提升平台在当地市场的渗透率。互联网企业是以平台的连锁方式，取代了传统商家的连锁模式。

我们再来看看杠杆原理。说透一点，杠杆就是用别人的钱做自己的生意，借力来放大自己的能力。杠杆有两种形式，一种是出让股权融资，有私募和公开市场等方式，这属于"卖身"，交易完成了，这部分股权就不是自己的了。还有一种就是借钱，抵押自己的资产或者用信用进行融资，有钱了可以赎回来，资产还是自己的，所以是"赎身"。向银行贷款或者发债等都属于这种情况。

有些行业天然带杠杆，比如银行、人寿保险、房地产。银行的基础盈利模式是存贷差，简单说就是银行聚集存款贷给其他的客户，存贷利率的差就是银行的利润来源。人寿保险公司卖出保单获得保费转变成资产，同时也是对客户的负债。

不过杠杆是把双刃剑。人类社会基本的经济组织就是政府、企业和家庭，大到国家的金融危机，小到企业和家庭破产，基本上都是因为利用杠杆不当或者过度导致的。所以企业在发展的过程中一定要控制好自己的杠杆。

连锁和利用杠杆都是企业快速做大的方式，可以看作企业成长的空间原理，是最终产生复利效应的基础。

复利的本质是量变积累到了某个阶段产生质的飞跃，实际上是时间原理。复利效应的产生基于三个维度：一是积累的厚度，这很好理解，基础规模与最终收益是正相关的；二是增长的速度，要尽可能实现稳健快速的增长；最重要的是时间的长度，时间是复利的朋友，需要尽可能保持长期增长。巴菲特的价值投资很直接地给我们展示了复利的威力，他所执掌的伯克希尔-哈撒韦公司，在过去的58年中，平均年化投资收益达到19.8%，使得公司股价增长了3.79万倍。

企业的发展也基本遵循这个规律。我们一直讲企业的核心竞争能力。什么叫核心竞争能力？核心竞争能力就是我有你没有的能力。凭什么我有你没有？就是要长期积累。一是要比别人做得早，二是要长期坚持不变，三是要不断创新改进。这样才能积累成功的经验，积累失败的教训，积累专业、积累客户、积累人才。所有的积累，都离不开时间要素。

现在确实有很多科技企业发展很快，好像不符合企业成长的复利原理。但是要看到，这些企业除了技术上的创新，基本都是在一轮一轮融资烧钱的过程中筛选出来的，相当于经历一次次的"圈地运动"，最后赢家通吃。资本加持的主要作用是消灭竞争对手，如果对手发展速度慢了，这一轮你融到资金，而对手融不到，他的企业就没了。所以科技企业实际上一开始拼的是生存率，比传统企业的竞争更加残酷。我们现在看到的阿里巴巴、腾讯、美团这些企业，与其说是成功者，不如说是竞争的幸存者。它们生存下来以后，同样还要补上积累这一课。比如阿里巴巴整体盈利是在2012年，从"万团大战"拼杀出来的美团，亏损10年之后终于在2019年盈利。

创新是企业发展永恒的动力，也是长期实现复利效应的途径。要想持续做大做强，持续产生复利效应，创新是根本。创新产生先发优势，带来市场地位，意味着丰厚的利润，于是社会资本就会跟进，跟进的过程就是利润平均化的过程。所有的产业发展都是这样的过程：创新带来超额利润，资本跟进，产生平均利润。利润平均化以后就会有新的创新来打破这个均衡。所以熊彼特讲，创新是创造性破坏，是一种均衡被破坏以后重新达到一个新的均衡的过程。

这就要求企业不断地创新，不断地提高劳动生产率，降低成本。任何产业、任何行业、任何企业，不论传统业务还是新经济，只有通过不断创新形成核心竞争力，才能实现持续发展。只有持续发展的企业，才有可能长期产生复利效应。

跟复利一样，创新也是一个积累的过程。不是所有的创新都是断崖式的、颠覆性的。其实有时候创新就隔着一张纸，但要把这张纸捅破是很难的，要用万钧之力，一定需要长期的专注和积累。捅破了，就是一个伟大的创新。比如泰康把虚拟的金融保险和实体的医养服务结合，看起来是一件简单的事情，听起来也不是什么创新。全世界没有人这样做，但我们就做了这件事情，就产生了一个全新的商业模式。

创新的重要性怎么强调都不为过，我们后面会有专门的章节来讨论。

第一章　定位

第二章

战略

在我决定要下海的时候，一开始想法很多，除了做拍卖行和人寿保险，还想过做一个工业博物馆，甚至去办一个清洁公司。校友说我点子太多，选一个做成就行。最后综合各方因素，在他们的帮助下我决定先做艺术品拍卖。

那时我也不懂什么是拍卖，脑子里想的是早年间《新闻联播》里索斯比和克里斯蒂①拍卖的画面，期许将自己的拍卖行做成"中国的索斯比"，起因是看到《羊城晚报》上的一个评论——"中华民族有五千年璀璨的文明，却没有一家像样的拍卖行"。而做泰康的时候，我的期许是做成一家世界500强企业，振兴民族保险事业，实现实业报国的理想。

定位决定战略，是我作为企业家的核心认知。对于创业者来说，在选好赛道、找准了定位，确定具体要做什么生意的时候，基本就会有最初的愿景与使命。而当我们成功创立企业，迈出把梦想变成现实的第一步之后，接下来就要重新思考企业的定位，

---

① 克里斯蒂是当时佳士得拍卖行的中文译名。

并选择或制定企业的发展战略,然后以有效的方式实现目标。

所以战略就是明确方向,制定目标,并寻找实现目标的方法与路径。这里讲的战略,不同于"战略决定一切"中的完整大战略体系,是指企业具体的发展战略与目标,是小战略的概念,与企业的愿景、使命三位一体。定位决定了企业最初的愿景和使命,为企业提供了长期的方向和目标,而企业的战略选择是实现愿景和使命的路径与方法。

但企业在不同的生命周期与发展阶段,会有不同的核心任务,面对外部市场的挑战,也需要采取不同的应对策略。因此在企业长期经营发展过程中,我们要围绕企业的长期方向与目标,根据现实环境的变化和发展阶段,制定具体目标并寻找达成的路径。这就是我常说的,战略是长远的也是眼前的,是抽象的也是具体的。而且好的战略一定来源于实践,并在实践的过程中不断调整、更新,变得具体、务实和可执行。

那么如何选择或制定具体可行的企业战略呢?我的经验就是不断聚焦。

战略就是不断聚焦

聚焦就是把资源和精力投入最重要的事情上。战略从长远到眼前,从抽象到具体的过程就是聚焦的过程。

前文中我分享了泰康最初的使命、愿景与战略——成为一家世界500强企业,振兴民族保险事业。方向很明确,目标也很远大。而且我当时信心很足,认为只要坚持做寿险,中国的十几亿人口抬也能把泰康抬进世界500强榜单。当然我也知道这个目标在短期内不可能实现，也没有什么捷径可走。我们只有围绕这个长期、抽象的战略目标，持续地集中精力和资源做好每个阶段的具体工作，解决当下最核心的问题，才可能最终实现目标。

所以战略的本质是打胜仗，就是赢，战略聚焦最重要的就是实现目标任务。企业家的职责不仅仅是制定战略，更重要的是要确保战略执行的成功。很多人喜欢讲领导力，其实领导力在我看来很简单，就是带着自己的团队打胜仗，就是不断地赢，用最少的资源去夺得一场又一场的胜利。怎么做呢？

首先要坚守定位、聚焦主业。在企业的发展过程中，经常出现的一个问题是企业的短期战略容易偏离长期发展目标。最好的解决方法就是专注主业，走专业化的道路，在自己的赛道上做精做深，从而确保企业的战略方向一致。

从申请创办人寿保险公司到现在三十多年，泰康一直坚定地扎根人寿保险这个大赛道，坚持深耕寿险产业链。从寿险到养老再到大健康，本质上是寿险产业链的延伸，并没有偏离我们的主业。而寿险业的很多公司在发展的过程中，选择了多元化金融战略，也就是我所说的"金融宽带"模式。泰康在发展的过程中，不是没有多元化的机会，即便是获取其他金融牌照如证券公司牌照和银行牌照的机会窗口不如以前，但也只是成本的问题。我们坚定地选择深耕寿险产业链，还是基于对赛道的认知，以及对长期目标的追求。

聚焦主业还意味着企业要将资源集中在其核心业务领域。同时，企业家本人也要聚焦，对企业要全身心投入，避免把精力分散到其他领域。我说泰康只做有关战略的事，跟战略无关的事情我们不做，就是所有的资源服从战略，所有的领域都要围绕战略。

其次要聚焦客户，聚焦需求。我在前文讲，泰康的成功，最核心的就是抓住了两波大的浪潮：一是中国中产人群崛起，我选择了人寿保险；二是人口老龄化的趋势，泰康进入医养大健康领域。这些年我们的愿景从创业初期的"融入21世纪大众生活"到现在的"成为人们幸福生活的一部分"，从来没有离开中产人群及家庭这一主流群体。只是过去我们的保险基本上只能服务到中产人群和他们的子女两代人，当他们进入老年阶段之后，我们可提供的服务有限，现在我们可以为三代人提供全生命周期的服务。

在商业"金三角"中，客户需求与产品是一体两面。所以聚焦客户意味着首先要持续地打磨产品，不断满足客户日益增长的对美好生活向往的需求。从"爱家之约"到"百万医疗"再到现在的"幸福有约"，泰康不断通过产品创新，满足客户从个人到家庭再到家族的长寿、健康和财富的需求。

而泰康从满足中产人群的保险保障、理财需求到满足老年人的医养服务需求，实际上构建了一个以人的全生命周期为核心的全过程管理与服务体系。这也意味着泰康以客户为中心，打通了战略的底层逻辑。这才有了泰康从人寿保险到"活力养老、高端医疗、卓越理财、生命关怀"四位一体的全新商业模式，最后形成长寿时代泰康方案的大健康产业生态体系战略。

然后是专注专业，聚焦关键能力。在讲定位的时候，我也分析了寿险行业商业模式的本质是销售和投资。所以这么多年来泰康从来没有放松的就是两件事，一是坚定地打造专业化、职业化的绩优队伍，二是坚定地打造投资的金字招牌。

这些年，泰康投资的金字招牌应该说基本成形。到2023年底，泰康管理的资产规模超过3.4万亿元人民币，其中管理第三方资产近2万亿元，投资收益在大中型保险企业中长期保持领先。但专业化、职业化的绩优队伍建设，却不是一帆风顺的，我们走过一段弯路。最开始我们制定的是精兵战略，但是在快速进行全国布局做大规模时也采用了"人海战术"。不过我始终没有放松推动营销队伍的转型和公司销售能力的打造。特别是在我们进军医养领域后，全新的商业模式为泰康销售队伍的高质量转型提供了强大的动力与支撑。我们开创了健康财富规划师这一全新职业，逐步推动销售队伍走向年轻化、知识化、专业化、职业化和绩优化。

而当我们把医养康宁的服务端引入传统寿险"负债+资产"的二维结构，开创"支付+服务+投资"三端协同的新寿险，客观上也要求我们打造第三种能力——服务能力，也就是聚焦全生命周期的健康、长寿、财富三大闭环的服务体系。

最后是聚焦主要矛盾，解决关键问题。没有一个企业的战略是一成不变的。我常常讲，一个企业的成长，三年决定生死，五年打下基础，八年站稳脚跟，十年小有品牌，二十年才能成长为参天大树。所以我们选择和制定战略，就是定位、梳理和认知企业当前阶段所遇到的最重要、最关键和最紧迫的问题，紧紧抓住和解决这一阶段的主要矛盾。

在跟年轻的企业家交流的时候，我经常被问到怎么制定企业的发展战略。实际上制定战略最具操作性的方式，就是不断聚焦，一直抓主要矛盾，解决核心挑战。解决了这些问题，企业的战略也就成形了，企业家再没有战略思维也是战略家。否则在复杂的环境、不确定的未来等多重因素叠加的影响下，企业很容易抓不住重点，甚至在盲目跟风中逐渐迷失方向。

在本章接下来的内容里，我将结合泰康因时而生、因市而兴、因势而变的发展历程，分享泰康在不同的发展阶段制定和选择战略背后的逻辑与思考。

三年决定生死

对于任何企业来说，活下来是一切的基础。所以创业企业最开始的战略目标，就应该是活下来，渡过生死关。

三年决定生死是什么意思呢？我们经常在媒体上看到企业家成功的故事，由于幸存者偏差，往往觉得创业成功很容易。但一旦走上创业路，你会发现到处都是玻璃板——你看得很清楚，但是进不去。因为每个行业都有自己的圈子和生态，作为新来者，你要挤进任何一个行业，原来的"玩家"都会排斥你、挤对你。传统做生意有"拜码头"一说，也是这个原因。

在如今的市场环境下，也不存在现成的市场放在这儿，由你来捡果子，消费者也不一定会买你的账。我经常举一个例子，小时候我们家养了三只鸡，后来别人又送了一只给我们，原来的三只鸡就联合起来欺负新来的。新来的这只鸡也有意思，先是缩头缩脑几个月，后来一个个打，最后它变成领头的了。

中华全国工商业联合会编写的《中国民营企业发展报告》蓝皮书披露，我国民营企业的平均生命周期只有 2.9 年。很多人在刚开始创业进入一个行业后，雄心壮志，但是一进来到处碰壁，碰得头破血流，就立刻放弃，灰溜溜地走了。其实在这最艰难的时刻，也许只要再坚持一下，两三年后就能进到门里，从此开启"广阔天地，大有作为"的伟大征程。

同时，创业初期的两三年是打好基础的重要时期，要在这个时期内把精力和资源聚焦于了解行业、培养能力，在消费者群体中形成品牌认知。

泰康是《保险法》颁布后首批成立的两家寿险公司之一，那时候虽然中国寿险业才刚刚起步，但是已经有好几家全国性的同行企业。中国人寿从中国人保分拆出来，1982年中国恢复寿险业务的时候寿险行业只有这一家公司，平安保险于1988年成立，太平洋保险是1991年从交通银行的保险业务分拆出来成立的。它们一开始就在全国布局，而泰康到1998年才在北京的总部之外，开设了位于武汉和广州的两家分公司。跟它们比，我们没有什么竞争力。

此外，1996年中国的寿险市场体量还比较小，而且很快遇上了1997年亚洲金融风暴。这次亚洲金融风暴给新生的泰康带来了很大的冲击，使我对金融风险有了更直接的认识，也理解了在保险经营过程中稳健、规范的重要性，坚定了"专业化、规范化、国际化"的价值观。我们虽然怀揣"振兴民族保险事业"的使命，梦想着"融入21世纪大众生活"，但是我们的战略很明确——"不求最大，但求最好"，做"小而美"的寿险企业，做最受市场青睐的保险企业。这是泰康第一次根据当时的市场情况，制定具体的战略。

这时期国家对金融业的发展也很谨慎，放慢了对分支机构批筹的节奏。面对机构连锁布局受限的局面，泰康向国内外先进企业学习，厘清寿险行业发展的规律，夯实公司发展的基础，打造核心竞争力。那时候我说的"左眼看友邦，右眼看平安，两只眼睛看世界"，核心就是学习西方企业的经验和技术，"照最好的葫芦，画最好的瓢"。

我带着公司的管理者和员工，考察学习了世界上20多家一流保险公司，通过吸收全球寿险业的先进经验和技术，构建起了我们的经营管理体系和框架。所以说泰康从一开始就站在世界巨人的肩膀上，这为泰康"小而美"战略的落地提供了全面支持。后来这种行为被我总结为"创新就是率先模仿"的方法论，也是泰康的第一波创新。

泰康"不求最大，但求最好"的战略取得了很好的效果。很多优秀人才被吸引过来，成为我们的员工和代理人。记得我们是在1996年6月开始招聘营销人员的，那时候我们喊出了"十万年薪不是梦"的口号，对应聘人员的要求是35岁以下、大专文化程度以上。应聘人员通过严格面试后，上岗前还要经过层层考核筛选。比如进入第一期培训的173人中，只有58人进入第二期的实战训练，每天都有人被淘汰。而且刚开始每次新人培训班的第一讲都是由我亲自向学员介绍公司的理念和愿景。

正是因为这样的严格训练与筛选，前三期最后只剩下100多人，他们基本有大学本科学历，人均产能很高，被称为泰康的"种子"，很多人至今还在为泰康服务。从1996年8月开业到1997年4月，泰康连续9个月创造了人均保费14000元、实动率92%、出勤率95%的佳绩，1997年即实现保费过亿元，在市场上掀起了"泰康旋风"，许多其他公司的团队都派人来学习泰康的新人培训和团队管理方法。这种业绩和效率，就是放到现在也非常有竞争力。

泰康成立的时候，只有北京一个营业总部。1998年武汉、广州的分公司开业，2000年沈阳、成都、上海的分公司成立。泰康稳扎稳打，完成了六大区域布局，也顺利地在市场上站稳了脚跟，为下一步的发展积累了经验、模式和人才。

抓住战略机遇期，实现超常规跨越式发展

但是我们也知道，对于金融企业来讲，小而美是不存在的，一定要有规模。没有规模就没有市场地位，也很难有可观的利润。企业不存在是先做大还是先做强的问题，只可能是先做大再做强。

所以在渡过生死关后，企业要面对的核心问题是如何快速做大。一定要抓住战略机遇期，实现超常规跨越式发展。

2001年中国加入WTO，根据签订的协议，中国保险市场在五年保护期结束之后要全面对外开放。本土保险企业如何赢得这场在家门口与国际老牌企业的竞争？相关部门出台政策，鼓励国内企业快速发展。

泰康敏锐地抓住了这一机遇。得益于2000年引入外资拿到的11.6亿元资金，泰康用三年时间在全国新开设了23家省级分公司、168家地市级机构，基本完成全国战略布局，建立了后来者无法复制的渠道和网络优势，实现了向大中型保险企业的跨越，为下一步做大规模打下了良好基础。所以我讲，连锁是做大规模最为传统也最为有效的方式。

那时候一连几个月，我们的办公楼每天晚上灯火通明，大家

通宵加班加点准备新筹建机构的申请文件。在高速成长的机会面前，市场上有的同行在扩张的时候出现亏损，就收缩了回来，依然按部就班，虽然短期内没有经历大的压力和挑战，但从此失去了做大的机遇。

为什么说这一阶段泰康抓住战略机遇期，是超常规跨越式发展最典型的案例呢？外资保险公司在中国没有预想的那么成功，它们找了很多客观原因，比如国民待遇问题，其实是因为它们有两个本质性的弱点。第一，它们用在成熟市场的打法来打新兴市场，这是巨大的错误。成熟市场是什么？风控体系要严，资本要充足，发展要循序渐进。以在成熟市场的打法来打新兴市场，用土话讲叫"大炮打蚊子，不管用"。第二，跨国公司的管理机制是从集团到亚太区或大中华区，最后到中国，其中国机构是整个指挥体系的末梢。而中国的企业家是整个指挥体系的顶端，一个职业经理人和企业家怎么能够打仗？我们用三年时间建立了全国网络，去全国招人才、剪彩，一年开五家、十家、十二家分公司。铺机构的当年就使我们由微利转为亏损两三亿元，这样的成本投入让人心惊肉跳，但这就是超常规的打法，今天要再想建起这样的网络就错过了机遇，花100亿元恐怕都拿不下来。

到2006年底WTO五年保护期结束，世界上主要跨国保险金融集团和发达国家的保险公司都已经进入中国，来自15个国家和地区的47家外资保险机构在华设立了127个营业性机构。但是在国际公司本土化、本土公司国际化的进程中，包括泰康在内的民族保险企业不仅具有国际视野，而且拥有本土优势，最终赢得了家门口的国际竞争。这期间，泰康的规模保费收入先后突破50亿元、100亿元、200亿元。

2006年，即泰康成立十周年的时候，我们又开启了"双超"战略，目标是三年再造一个泰康，并在保费规模上超过当时市场排名第三和第四的两个竞争对手。接着在2007年，泰康人寿启动县域保险战略，把机构网络铺设到全国4000多个县甚至镇上，作为实现"双超"战略的路径。

"双超"和"县域保险"是泰康历史上非常值得研究和反思的两个战略。正常来讲，寿险公司的保费收入都是在以前保单年新缴保费收入的基础上加当年的新业务收入滚动积累起来的。严格来说，要超过前面的竞争对手很难，毕竟你发展别人也在发展，而且除了当年的业务要比别人好，还要超过它们往年的积累。虽然在这个过程中我们短暂地超过了两个竞争对手，但直到2021年我们才真正实现"双超"。而县域保险战略作为实现"双超"的路径和方式，在战略决策以及执行的过程中都存在一定的问题。这部分内容我会在后面的章节中进行专门讨论。

与此同时，随着机构全国布局的基本完成，泰康抓住了银行保险业务异军突起的机会。从2001年启动银保业务，泰康银保规模保费从2亿元增长至2007年的199亿元。通过银行渠道多元营销的方式，我们在投连产品、分红险上大胆创新尝试，2008年银保保费占到了泰康人寿总保费收入的65%，在泰康超常规跨越式发展过程中承担了核心作用，也为泰康抓住股权分置改革的机会，在资本市场大获全胜准备了充足的弹药。

在这期间，泰康的总保费收入从2006年的200亿元增长至2009年的670亿元，核心经营指标全部翻番，成为业务多元、持续盈利、具有综合竞争能力的新兴人寿保险公司，迈向大型保险金融服务集团的步伐明显加快。

以终为始，才能善始善终

制定战略要站在未来看现在，也要从现在看未来。以终为始，才能善始善终。所以当企业渡过了生死关，发展基本进入正轨之后，企业家就应该把更多的精力放到思考和解决更为底层和基本的问题上来。

首先是解决资本的问题。企业的快速发展一定会遇到资本的问题，对于保险业这种重资本投入的行业来说更是如此。所以我一直说"资本短缺是金融家心里永远的痛"。

2000年泰康引入外资，筹集11.6亿元人民币，有力地支撑了2001—2003年的机构大扩张与业务的高增长。但机构与业务规模高速发展的同时，泰康的资本投入也随之急剧上升，偿付能力压力明显加大，偿付能力充足率[①]由2001年的736%急剧下降至2003年的114%。若不补充资本，2004年泰康将面临偿付能力的挑战。

相对于商业银行资本充足率的刚性要求，保险公司用偿付能力充足率体现偿还债务的能力。相关法规明确要求保险公司综合偿付能力充足率不低于100%，核心偿付能力充足率（核心资本/最低资本）不低于50%，而且综合风险评级要在B类以上，否则就是偿付能力不达标，会被要求补充资本，甚至将面临停发新产品、暂停新业务等处罚。

对于泰康而言，可供考虑的方案有四：上市融资筹措资本、

---

① 偿付能力充足率是保险公司的一项重要指标，用于衡量保险公司偿还债务的能力，即实际资本（认可资本减去认可负债）与最低资本的比值。——编者注

增资扩股、财务再保、发行次级债券。上市融资曾是泰康设想的方案之一，但当时的盈利状况还达不到上市的最佳条件。而增资扩股，因股东们看好泰康的前景，不愿意稀释股份，无法进行。财务再保则有成本相对偏高的缺陷。这样，发行次级债券成为最佳的选择。

继 2000 年引入境外机构投资者后，泰康在四年后又成功发行总额 13 亿元的次级债券，完成了第二轮重大资本扩充。泰康成为《保险公司次级定期债务管理暂行办法》颁布后，中国保监会批准的首家发行次级债券的公司。作为第一个创新实践者，泰康为中国保险业的做大做强开辟了一条新的资本补充渠道，意义非凡。

最关键的资本补充使泰康抓住了中国资本市场的机遇，基本解决了泰康的资本困局。在 2005 年国家启动上市公司股权分置改革后，中国资本市场迎来了一波持续到 2007 年的牛市，大盘在两年多的时间里上涨 6 倍。而 2006 年《国务院关于保险业改革发展的若干意见》正式发布，业内称之为保险业"国十条"。文件特别拓宽了保险资金运用的渠道和范围，鼓励资金直接或间接进入资本市场，保险公司成了资本市场的重要机构投资者。

凭借"国十条"的东风，以及银行保险崛起带来的巨大保费收入，新成立的泰康资产在牛市中大显身手，仅 2007 年的投资净收益就达到 155.18 亿元，同比增长 269.2%。这笔收益中，除了 70% 是客户的分红，剩下的 30% 都作为公司的利润，转为资本公积。从此泰康就再也没有出现资本的问题。

所以泰康最让我骄傲的就是，除了最开始的 6 亿元注册资本，以及拿了外资股东的 11.6 亿元，没有让股东额外再掏一分钱。到 2024 年泰康净资产近 1500 亿元，其间给股东分红 500 余亿元。泰康也是唯一没有出现偿付能力不足的大型头部人寿保险公司。这也是我们一直最引以为荣，感到非常自豪的。

其次是解决增长与效益的问题。企业规模做大之后，效益问题就成为关键的挑战。企业的本职是创造财富，不赚钱的企业是没有价值的。企业可以一时不赚钱，在刚成立以及大规模扩张的时候甚至可以战略性亏损，但是不能一直不赚钱。

前文讲传统寿险公司商业模式的本质就是两点，一是销售，一是投资。首先是提升自己的销售能力，通过保险销售赚钱；然后是提升投资能力，通过把保费转化成投资赚钱。但是不管是通过自己的代理人销售，还是依托于合作的银行或互联网渠道，保费获取是有成本的，而且并不是规模保费越多就越赚钱。

2001 年后泰康的机构大扩张带来了业务的突飞猛进，同时也出现了大面积的月业务平台保费不到 50 万元的低产能三级机构，到 2005 年上半年公司首次遭遇全面负增长。泰康著名的"零点精神"就是在这样的背景下诞生的。虽然到年底泰康依然收获了全年规模保费的正增长，但是保费规模的增长并没有带来效益的提升。大量的保费都是通过银行保险渠道获取的，这些保费缴费期短、领取快，不能给公司带来长期现金流和利润。特别是随着"双超"战略和县域保险战略的推进，短时间内开设这么多机构，虽然没有了资本的压力，但人才、队伍、管理都跟不上。而且 2009 年虽然总保费规模仍创高峰，但新业务收入大幅下滑，给公司现金流带来巨大的压力。

所以泰康的战略也不都是一帆风顺的，都是在实践的过程中，在成功和失败的经验教训中总结出来的。当我们及时总结复盘这次战略失策之后，2009年我带领泰康核心管理团队来到改革开放的前沿阵地深圳，召开战略研讨会。会上我提出"大个险"战略，不再追求一味的规模化发展，而是注重价值与规模的平衡，推动多渠道共同发展，正式开启了泰康的价值转型之路。

泰康的价值经营是有基础和传统的。在外资入股时，对赌的条件之一就是三年内公司每年的内含价值要达到一定的目标，不然就推迟支付甚至不付入股的资金。我们在全行业率先引入内含价值管理，倒逼我们真正从价值创造的角度，重新思考经营效率，重新思考险种结构、产品设计、代理人规模、人均保费、件均保费、经营成本等保险业务的方方面面。我们顺利并提前拿到了外资入股时每股5.6元的全部资金，而且内含价值的引入与实践为泰康后续价值转型的战略变革埋下了伏笔。

而泰康的这次价值转型不但前瞻性地顺应了"偿二代"[1]等一系列监管新政的要求，释放了巨大的潜在利润和资本，为下一步的重大战略布局奠定了坚实的基础，也让泰康彻底顺应寿险经营规律，坚定走复利增长之路。

再就是解决核心竞争力的问题。这就是基于定位和主业进

---

[1] "偿二代"是中国第二代偿付能力监管制度体系的简称。这一体系由原中国保监会于2016年正式实施，旨在引导保险行业的良性发展，提升风险管理能力。"偿二代"的核心目的是以风险为导向，对保险公司进行最全面的监管，并通过公开披露所有信息，确保保险公司的偿付能力充足，从而保护消费者权益。

行核心能力的聚焦。可以从两个层面来理解：一是从商业或市场的底层逻辑出发，着重打造企业的产品力、客户能力（服务力）和渠道能力（销售力）"金三角"；二是基于企业自身商业模式的底层逻辑打造核心能力，比如基于泰康新寿险的"支付＋服务＋投资"三维结构，我们就打造销售能力、服务能力和投资能力。

这是一个长期持续的过程。打造销售能力这件事现在是由我推动寿险公司主要在抓，应该说有一个比较好的势头。投资能力基本是段国圣作为集团的首席投资官和泰康资产 CEO 带领团队在建设，取得了很好的成绩，在当前宏观形势下也面临着新的挑战，正在积极转型。对于服务能力的建设，我们以"服务好"为目标，由集团总裁兼首席运营官刘挺军负责落实。

当然，更重要的就是找到企业的第二增长曲线。这就是我在上一章里面写的，你要重新思考企业的定位和发展目标，思考现在赚钱的生意将来还能不能赚钱，为企业寻找新的增长点和利润池，实现企业的长期发展。

好的战略一定来源于实践，并在实践的过程中不断推进、演变。从创立之初的"小而美"战略，到后来的"双超"战略、"大个险"战略，再到医养战略和如今的大健康产业生态体系战略，泰康不断根据自身的发展阶段和外部的市场变化，持续进行战略的调整和创新，回头来看，背后确实遵循了一定的规律和逻辑。

诚然，泰康战略的成功，一定程度上也得益于我很早进入了一条在中国属于萌芽期的赛道，并抓住历史机遇，顺势而为。所以我后来总结泰康的"成功秘诀"，就是牢牢把握住了每一个战略机遇期，实现超常规跨越式发展，而且快速发展不失稳健，稳健经营不乏创新。但需要强调的是，在这个"秘诀"背后，是我对于商业本质的深入理解，以及对行业属性的深刻认知。

有些人会误认为战略只是偶尔的灵光一闪，更依赖于创造性思维；更有甚者，认为战略只不过是所谓的"事后诸葛亮"，是对已经发生的事情的合理化解释。事实上，战略不是偶然的产物，它不仅是一种企业在不确定性中前进的艺术，也是一种系统性、有目的、有计划、有方法的行动指导。

在后文中，我将跟大家分享我在泰康推动战略落地的方法论。

第三章

治理结构

在泰康研修院，我们有一个专门的公司治理博物馆，收藏和展示泰康成立以来公司治理结构变化的珍贵原始档案等资料。第一件陈列的物品是一页薄薄的手稿，这是我于1992年12月在上海锦江大酒店写下的泰康的第一份创业计划书——《关于成立四方保险公司的设想》。手稿边上，陈列的是参考《公司法》拟就的第一版公司章程，只有薄薄的9页，短短的24条。而到2000年泰康引进外资时，公司章程变成了27页106条，厚厚的一沓。

只要时间允许，我都会陪同来访的朋友参观治理博物馆，他们也都留下了深刻的印象。为什么要建这么一个博物馆？是为了表达我对公司治理的尊重。发达市场的企业在百年探索和实践中形成了成熟的公司治理，它们将企业发展过程中遇到的种种经验教训——包括股东纠纷、股权争议、董事意见分歧，甚至是董事和股东的反对意见——都转化为具体的条款，并进行了详尽的规范。它们百年来在公司治理方面的经验给了我很大启发，这些经验和智慧帮助泰康少走了许多弯路，也规避了许多风险。

泰康的治理结构也在学习西方和实践的过程中不断丰富和完善，公司章程现在已经增加到92页240条，未来还将不断地修订更新。

我深刻地认识到，好的治理结构是战略的制度保证、组织保证和人才保证，关系到一个公司能否实现永续经营。当然，这一章我讲的治理结构包含两个层面：一是法人治理，二是经营治理。这两个层面承载着不同的功能，共同支撑着战略的制定与执行。其中，法人治理是以所有权为核心的权责利体系，从制度层面保证战略决策的程序正确及战略决策的有效性，同时确保战略执行贯彻股东和董事会意志，执行无偏。经营治理，是以经营权为核心的权责利体系，是确保战略高效落地的组织和人才保证。

法人治理是战略的制度保证

法人治理结构的好坏决定了战略决策是否权威、合理、有效和规范。在战略制定后，仍需要继续通过制度化的决策和监督机制，保障战略一直在正确的方向加以贯彻，并且在形势发生重大改变时，能够及时优化调整。为此，首先需要建立良好的股权结构，这是保障战略决策权威性、有效性最核心的制度安排。其次，要构建一个一流的董事会，把决策中心建在董事会。最后，根据我的观察和经验，对于初创企业而言，最好的治理结构模式还是企业的创始人、核心股东、经营者和创新推动者"四位一体"，但这也对公司经营治理提出了更高的要求。

股权结构是最核心的制度安排

中国民营企业明晰产权的过程漫长而曲折。我根据产权制度把改革开放以来中国民营企业发展的四波浪潮中的企业家分为两类：第一类是84派、92派和海归网络派，第二类就是中国加入WTO后创业的企业家。为什么这么分呢？因为84派创业的时候，中国只有国有企业、集体所有制企业、个体工商户以及外资企业、合资企业，没有民营企业的概念，私有产权在法律上不明晰。那时候创业的人很多都把企业挂在集体名下，后来就有很多产权争议。到了92派创业时，国家颁布了《股份有限公司规范意见》和《有限责任公司规范意见》，募资创办企业有了基本的依据，1993年又出台了《公司法》。所以说，92派是中国现代企业制度的试水者，是中国最早具有清晰、明确股东意识的企业家群体。

但是92派企业家的价值也没有在股权中体现出来。那时候只有出资人才有股权，而企业家、创始人只拥有情感上、精神上的支持及企业的经营权。海归网络派从海外带回了创始人制度和期权制度，既承认企业家和企业家精神的价值，也承认团队价值。而且公司上市的时候还有AB股制度，确保创始人团队对企业的投票权。中国加入WTO后，经过前面三波创业浪潮的洗礼、探索与积累，新的创业者面对的就是完善的产权体系、完整的资本市场和成熟的企业家精神，处于一个基本上与西方创业者相同的创业环境。

1996年泰康筹建时，中国人民银行明确要求保险公司的注册资本不低于5亿元，而且对股东总资产、净资产以及利润有严格的要求，梳理下来，符合要求的股东基本上就只有国有企业，而且是大型国企。最终几经周折，泰康募集了6亿元，共有16个股东。虽然那时候嘉德已经走上正轨，但是公司规模小，利润也不高，作为发起股东咬牙也只能拿出1000万元。在这种情况下，创始人的话语权很小，安全感很难得到保障。

怎么办呢？那时候也没有创始人和期权制度，基于对所有股东公平的立场，我跟股东们商量后达成一致。一是不要控股股东，每个股东出资不得超过5000万元。最后有10个股东顶格持股。二是所有股东都不派经营人员。后来我被推选为公司董事长，由我牵头搭建经营班子。三是在最初的投资入股合同中，加入了一项条款："鉴于嘉德拍卖公司独立承担了公司申报组建期间的全部工作和风险费用，允许该公司在未来3年内将资本金增加到5000万元。"此后的二十多年里，只要有股东需要套现，我们都会争取一切机会，在公开市场把股权买回来。

当然，无论退出早晚，所有泰康股东都得到了丰厚的回报。筹备泰康的时候，嘉德和中国对外贸易运输总公司（简称"中外运"）、中国国际旅行社总社（简称"国旅总社"）、中国石化北京燕山石油化工公司（简称"燕山石化"）等三家大型国有企业是核心发起股东。国旅总社退出的时间比较早，泰康规模尚小，加上还处在亏损阶段，国旅总社得到的回报相对有限。到2006年燕山石化转让泰康股权的时候，国家已经出台了国有产权交易的规则，从此所有国有股转让都在产权交易所公开挂牌交易。燕山石化将所持泰康股份转让时，每股价格达6.23元，十年累计增值超过了500%。

中外运和中信信托有限责任公司（简称"中信信托"）两个有代表性的国有股东，通过长期投资泰康实现了国有资产的巨大增值。2013年和2014年，中外运分两次公开挂牌转让泰康股份后退出，加上分红合计收回了31.17亿元。中信信托持有的泰康股份是从中信集团所属企业受让的，最后退出的时候一共收回了59.65亿元。

泰康的股东中还有外资的新加坡政府投资公司（GIC）和美国高盛集团。GIC从2000年投资泰康后一直持有至今，总共出资近21.4亿元，持股11.39%，这些年累计分红达56.98亿元。2011年高盛花了近10亿美元受让AXA LIFE转出的大部分泰康股份，到2022年通过转让加分红回收了近30亿美元，目前还持有泰康1.72%的股份。

我讲这些是什么意思呢？股权结构是治理结构的基础前提，而企业的稳定发展是获得股东信任的基础。另一方面，股权结构也决定了企业家的行为，当企业家有足够的安全感，才有可能去追求长期的目标。

股权结构首先涉及控股权的问题，在创业的时候一定要做好股权设计。不是说企业家一定要做绝对大股东，但是起码要对企业有足够的影响力，来确保董事会的意志和战略能够贯彻下去。现在资本市场成熟，很多时候是资本在寻找有企业家精神的创业者，募资相对简单。但是创业者也要警醒，现在许多初创企业是速成式发展，拼了命一轮一轮地融资，股权也一轮一轮被稀释，发展到最后往往治理结构就成了大问题。当然，现在的创业企业，特别是互联网科技企业，基本上通过AB股制度来保证创始团队的控制权和决策权。

除了控股权，还要慎重考虑股东组合的问题。创业找投资、找股东，就像是找对象，一定要志同道合、"门当户对"，最好找

"富贵人家"。当年泰康要募集5亿元，几乎是个天文数字，再加上保险行业在当年还属于新物种，更是让泰康寻找股东的历程难度倍增。但即便如此，我在招募股东时也会跟大家坦诚说明，寿险不是赚快钱的生意，是需要长期投入的马拉松，按国际经验，通常得要七年才能盈利。有人劝我不要这么实诚，但我相信即便瞒得了一时，也骗不了长久。

同时，找股东也要找最优秀的企业或机构。得益于当年在《管理世界》杂志社评中国500家大企业和策划新中国四十年工业成就展，我跟很多国企领导建立了信任，成为很好的朋友。我创办嘉德和泰康的时候，这些大国企都成为坚定的"基石投资者"。它们确定投资后，其他国企、社会资本的信心就足了，很顺利就完成了募股。也正因为我基本都是找的大国企，而且它们的出资额相对其资产占比很小，我才有可能去说服人家放弃控股，不派驻经营管理人员。所以，要想做成伟大的企业，就要找到能与你志同道合，能对你成就事业有所助力的股东。后来泰康引进外资，也基本遵循这个思路。无论是早期的瑞士丰泰、瑞士信贷及GIC，还是后来的法国安盛、美国高盛，都是在业界享有盛名的金融机构。

现在，泰康已经形成了"核心大股东领衔、外资股东和中小股东及员工持股共同发展"的稳定股权结构。为泰康长期战略的形成与推进提供了最根本的制度保证。

股权结构形成后，有两个重要原则不得不提：一是股东价值最大化原则，二是阳光透明原则。企业是一个利益共同体，股东价值最大化是保证利益相关方价值的基础，如果公司股东价值都得不到保障，员工、客户以及社会的利益就没有支撑。如何确保股东价值最大化？最重要的就是遵循阳光透明原则。如果公司治理不阳光、不透明，大股东不受约束，小股东权益得不到保障，那么股东价值最大化就是一句空话。

阳光透明原则的本质是规则的透明。20世纪90年代刚创办企业时，公司章程基本上是按照《公司法》抄抄写写，总共也就几页。到2000年泰康引进外资，治理结构是谈判的重中之重。外资股东不仅关注股权结构、董事会结构这样的关键问题，而且还极其重视程序性问题。比如股东大会、董事会的通知程序及适用语言，信息披露、业务审计、消极否决权及优先认购权的执行程序。像股东大会的议事规则，董事会议事规则，提案由谁提、怎么提、什么时间提、会怎么开，都要逐一明确。这样的未雨绸缪，这样的阳光透明，这样的预判风险及预防风险，对泰康日后的稳健发展起到了定海神针般的作用。

构建一流董事会，发挥好战略决策作用

董事会要进行正确的战略决策，并确保战略明确后的权威性，董事会本身的建设就至关重要。一些企业在选聘董事时，主要看名气，谁名气大，谁"江湖地位"高，就请谁，而忽略了董事的实际贡献和专业性。开董事会的时候，审审文件，走走形式，然后就下结论说董事会没用。这样不仅浪费了董事会的潜力，也削弱了其在公司治理中的作用。要想真正发挥好董事会的价值和作用，必须把决策中心设在董事会，同时在董事会的构建上花心思、下功夫，把董事选对、用好，构建一流的董事会。

把决策中心设在董事会，本质上就是要通过集体决策，对大股东、CEO形成有效的约束。有些企业家，自己打江山，总是一个人说了算。即便后来增资扩股，引入其他股东，也还是搞一言堂，依仗大股东的声威，根本没有小股东说话的份。这种大股东完全不受约束的方式，不仅有悖于股东价值最大化的原则，而且风险是极高的。

选好选对董事是把决策中心设在董事会的基础。一个一流的董事会，首先要"选好人""选对人"。董事的选拔应基于其专业能力、行业经验和对公司战略的深刻理解。要选择那些不仅具有良好声誉，而且能够为公司带来实质性贡献的专业人士，既要考虑到董事知识结构的相互补充和完善，也要考虑到市场竞争和时代环境的要求。

2000年外资入股后，泰康正式启动了公司治理结构国际化的进程。我们在董事会下设立了执行委员会、审计委员会、提名薪酬委员会三个专业委员会，并在此基础上引入了国际通行的独立董事制度和CEO制度，建立起以CEO为核心的专业化团队的管理体制。

2001年，公司完成第三届董事会换届改选，在此次换届选举中，原有的每个股东单位提名一名董事的默认规则被打破，而是每个主要股东提名一名董事，股份占比小的股东提名监事，董事会规模缩小到13名董事，并首次聘请了独立董事。后来董事会董事数量进一步缩减至9人，独立董事增加至3人。此后，一批批有意愿、有能力、有强烈独立人格的企业家、专家、学者相继成为泰康董事会、监事会成员。从此泰康一直坚持选聘三位不同领域独立董事的结构。

一是要有一位宏观经济学家。因为泰康的数万亿元资产在股票市场、债券市场、外汇市场，必须密切关注宏观经济走势。比如中国银行前首席经济学家曹远征博士是国内宏观经济领域的专家。

二是要有一名审计专家。我们找最好的审计师，帮公司严格监控所有财务风险。比如说，我们请了过去在四大会计师事务所长期工作，也对金融保险非常熟悉的何玉慧女士做我们的独立董事。

三是要有一位科技领域的代表。虽然我们是金融服务企业，但处在互联网的时代，处在高科技的时代，也要保持对科技的敏锐和敏感，所以我坚持请一流科技企业的企业家做独立董事，比如宽带资本董事长田溯宁先生就做了泰康的两届独立董事，届满后我们又聘请了联想集团的 CEO 杨元庆先生作为我们的独立董事。

除了专业技能外，泰康还要求我们的董事、监事具有很好的视野格局，要对国内外一流企业的经营有深刻的理解与认知。如我们曾聘请招商银行原行长马蔚华先生做我们的监事长，他是我们国家改革开放时代背景下著名的金融家、银行家和企业家。北京大学经济学院前院长孙祁祥教授、GIC 前总裁郑国枰先生、香港电讯前执行总裁张永霖先生，也都担任过泰康的董事或独立董事。

另外，泰康的董事不仅要是各自专业领域的一流高手，还要对泰康有深刻的了解，愿意为泰康的发展出谋划策，贡献他们的知识和智慧。再有名气，再有能力，如果不愿花时间深入了解行业，不能花精力为公司思考，也很难为公司发展做出正确的决策、做出真正的贡献。对于这一点，企业家在选董事时，要特别注意。随着泰康发展得越来越好，其实有很多人也想做泰康的董事或独立董事。但正因如此，我们在选择董事会成员时，会更加慎重。

同时，把决策中心放在董事会，赋予其在制定公司战略方向和监督执行方面的权力和责任，让"一流的董事会"真正发挥作用，最基本的一点，就是要用好董事，做到人尽其才。

用好董事特别是独立董事的前提是尊重专业，保证独立董事的"独立性"。华人精算界的鼻祖、美国友邦保险公司前首席精算师李达安，曾经是泰康第六届、第七届董事会的独立董事。当初邀请他来泰康，他的第一个要求就是："不想当橡皮图章"。来到泰康之后，他果然直言不讳，对一些议案投反对票。每次董事会上董事的发言都被整理成会议文件，交给他们签字确认，这既是免责条款，又是如山铁证。独立董事自然要珍惜自己的独立性。

企业家越是处于强势地位，越要有包容心，越要有冷静的头脑和谦虚的态度，要让董事会成员充分表达他们的观点与意志，发挥他们的专业专长。对很多事情，不同的人会有不同的理解，但这种不同会让大家的思维更加完善。而且优秀、专业的独立董事，一定是站在股东、公司的角度来考虑问题。表面看起来，他们好像是在投反对票，但其实这恰恰是他们专业性的体现。既然选择了他，就要给予他充分的信任，并肯定他的专业能力。这样董事会成员才会有热情，愿意为公司思考，奉献他们的知识和智慧。

说实话，作为公司创始人，我通常有很大的话语权。我坚持的东西，大家往往都表示认可和理解。但越是这样，越要谦虚，越要听取各种意见。我坚定维护独立董事的权利，对于他们的异议，我从不干涉，从不发表意见，从不影响他们在董事会上的表决。但在做相关决策时，我会花时间说明理由，说服董事会。说服的过程本身就是交流的过程、沟通的过程、思考的过程，也是各种观点相互碰撞并最终达成共识的过程。我认为好的董事会讨论，就应该具有这样专业、独立、坦诚的讨论氛围与决策过程。

同时，还要加强董事和经营管理层之间的互动，创造条件让董事熟悉和深入了解公司的发展。泰康所有的董事会，公司的核心高管都会参加。这么多年的公司经营报告，都是由首席运营官、首席财务官、首席信息官、董事会秘书、首席合规官及首席风险官共同来做的。这也给了泰康高管很好的跟董事沟通的机会。公司也制度化地组织董事、监事定期去业务一线和养老社区做调研。他们在调研的过程中了解业务、熟悉基层，发现问题之后在董事会上提出来，更加有利于战略的落实和公司的发展。

四位一体的治理结构最具生命力

巴菲特将治理结构分为三类：第一类是控股股东同时担任经营者；第二类是控股股东不参与日常经营；第三类是没有控股股东，由职业经理人全面管理。

西方发达国家的成熟企业普遍走向了第三种模式，即所有权和经营权分离。这也是我们经常讲的委托代理制的基础。大部分家族企业经历几代人之后，股权都不可避免地走向分散。尤其是上市公司，基本都是由职业CEO及其团队来决定公司的政策与战略。巴菲特自己采用的是第二种模式。他作为大股东但不直接经营，而是选择投资、购买企业控股权，让创始人继续管理。这要求精选公司，并确保创始人在套现后仍保持工作动力。除了这种被买断的情况，大多数创业公司用的是第一种模式，创始人作为核心股东，同时也直接参与公司经营决策。

由于企业的发展阶段不同，中国的情况与西方主流模式有很大区别。主要原因是中国现在的民营企业基本是改革开放之后成立的，虽然有一些企业陆陆续续开始了第二代管理者的接班，但基本还处于创业周期，绝大多数还是由创始人主导。初创企业家作为核心股东，既领导公司董事会，又直接经营企业，同时发挥企业家的创造力、冒险精神和应变能力。这些年来，我也一直在观察与思考。我觉得对于初创企业，其实最好的治理结构还是有一个好的领头人，同时也要有好的管理团队，这两者要合二为一。

从法人治理的角度看，无论是在欧美还是在中国，无论是近代还是现代，初创企业在相当长的一段时间内最具生命力的，还是"四位一体"模式，即企业的创始人、核心股东、经营者和创新推动者四个角色合而为一。比如苹果、亚马逊，以及阿里巴巴、腾讯、美团、字节跳动等，在企业发展的重要节点和关键时期，基本都是这个结构。这种四位一体的模式能够将创始人的企业家精神最大化，确保企业战略与创始人的愿景保持一致。这样的企业往往具备最强的竞争能力，也基本是这个时代推动创新的主导力量。

当然，在这样的模式下，建立一个良好的治理结构就更加迫切，也更有难度。长期来看，由于创始人自然生命的限制，加上监管的要求以及市场的变化，"四位一体"自然会走向所有权和经营权的分离。现在中国早期的企业也正陆续从"创一代"走向"企二代"接班。创始人和企业家要未雨绸缪，提前建立起规范的制度体系和专业的管理文化。这里面既包括健全的法人治理结构，也包括科学、现代化的公司经营治理结构，处理好企业所有者与经营者、决策者与执行者之间的关系，为战略的有效执行提供组织与人才保障。

经营治理是战略落地的第一要务

过去我对治理结构的认识大多停留在法人治理的层面。2017年初，时任武汉市委书记在参加湖北省两会时提出"复兴大武汉"的战略蓝图，之后又在武汉市的招商引资大会上提出实施"百万校友资智回汉工程"，武汉开启了针对校友引才招商的校友经济模式。而在开启这项新工程之前，这座千万人口的城市在他的主持下首先成立了一个新的虚拟机构"招才局"，我当时作为六名"招才顾问"之一，出席了武汉市招才局的成立大会。武汉市招才局的火速成立和高效运转给我很大的启发，不过当时我还没有认识到这是组织结构对战略调整的快速响应。

2020年因为疫情，我出差少了，就将更多的精力放在了公司内部的经营管理上。每天和各个板块召开大量的会议，让我更多地从CEO的角度去思考公司经营的问题。经过密集的沟通、碰撞与思考，再回想起武汉市招才局的成立，我这才深刻认识到：战略制定以后，如果经营治理不跟上，战略就是空中楼阁，无法得到全面的落地与执行。后来在泰康2022年计划预算会上，我明确提出"战略制定之后，治理结构是第一要务"。当然，这里的治理结构主要讲的是公司经营治理。

这是我在公司管理认知上的一个巨大收获和突破。在我看来，经营治理是由组织结构与流程、团队、绩效、考核以及荣誉体系等要素构成的责权利相匹配的框架体系。在战略制定之后，作为经营者，我们要快速地依托组织进行战略分解，确保资源分配服从战略，明确组织权责利。

我们要优先考虑什么样的组织能够实现战略目标，从而确保决策的顺畅和执行的效率。如果现有的经营治理结构与战略不匹配，就要进行组织再造与流程再造。在组织结构与流程确定下来之后，相应岗位所需要的知识、经验、要求就都清晰了，那么就要开始建设团队，尤其是领军人物和关键人才的培养与管理，这将直接影响到战略执行的效果。

在搭建了组织和团队之后，如何能够驱动组织和团队向战略目标协调一致、坚定不移地迈进呢？其实经营者将战略目标分解为具体抓手的过程也是明确组织和团队绩效的过程。绩效考核与荣誉体系是两个重要的抓手，它们共同支撑了组织效率的提升和长期稳定的发展。绩效考核是战略落地的指挥棒，既是评估机制，也是激励机制。而荣誉体系则从精神层面凝聚共识，增强组织的向心力和长期稳定性，是公司经营治理结构的一大重要支柱。这样来看，公司经营治理结构并不简单地等同于一张组织结构图，它的含义其实要丰富得多。

所以公司经营治理为战略提供组织和人才保证，它让战略更好地落地，让战略执行更有效率，让人才定价和考核奖惩到位，最终有效地实现战略目标。

战略决策后，经营治理结构要首先跟上

战略决策以后，落到经营管理层面，就是资源服从战略。所有资源都要优先投到关于战略的事情上。怎么来保证资源服从战略，怎么确保资源投入的效率呢？经营治理结构要首先跟上。

我认为经营治理结构应把人力资源放到第一层，就是把组织结构、流程和管理人才放在首位。这也意味着人力资源部门变成了前台业务部门，而不是传统意义上的中后台。第二层是财务，核心是把有限的财务资源配置好，来支持战略落地。第三层是业务，也就是产品、销售及训练。人力资源就是不断地完善、重构、调整经营治理结构，当战略发生变化之后，所有的组织架构、人才结构等都要根据公司战略的新要求重新理顺。

在泰康的整个发展过程中，两次关键的战略转型铸就了现在的泰康。一是 2009 年的价值转型，以发展大个险为抓手，一直到今天仍然在延续；二是拥抱大健康，从 2007 年尝试进入养老服务业，到 2017 年确立大健康产业生态体系战略。

中国加入 WTO 后，寿险业依靠机构的快速扩张、银行保险渠道的兴起和人海战术模式，进入了一个快速发展期。泰康也是抓住这个机遇，实现了从中小保险公司向综合保险金融服务集团的跨越。从 2006 年到 2009 年，泰康人寿总保费收入从 200 亿元增长至 670 亿元，其中银保业务的快速上量贡献了公司总保费的半壁江山，2008 年最高占比达 65%。

但是其中也存在很大的问题：一是机构完成全国布局后，规模扩张能力基本见顶；二是粗放式的人海战术增长乏力，公司业务进入平台期；三是银行保险基本以短期分红险为主，虽然能够快速推动保费规模增长，但也快速消耗了公司资本；四是寿险经营长期资金，大量卖短期产品不符合行业发展规律。

公司开了很多会讨论研究，最终在2009年的战略研讨会上明确回归保险本源的价值经营战略：以价值为导向，以个险为核心，发展大个险，建设大分公司；坚定地抓基础管理、基础建设、专业化经营。

价值经营就是追求新单价值而非保费规模，新单价值说简单点就是当年的新业务有效保单未来能够给公司带来的利润，其实就是回归到寿险经营长期风险的本质。因为寿险保单获取成本高，一张保单基本要到五年后才能够给寿险公司带来利润，所以追求新单价值体现在业务上就是多卖缴费十年以上的长期保险产品，不卖或者少卖缴费五年以内的短期产品。而在所有的销售渠道内，通常个人渠道销售的产品缴费期限较长。因此发展大个险，就是除了个人渠道，其他渠道特别是银行保险渠道也要卖长期产品，不卖或者少卖短期产品。后来泰康养老也开辟了向B端团体客户的员工销售个人长期保险产品的业务，我们叫BBC业务模式。现在泰康的"大个险"战略成为很多同业学习的对象。

确定价值转型的战略后，我们很快调整了各个渠道的产品结构，削减了银行保险渠道的短期业务，并重构了核心业务指标的结构，但对组织结构的调整相对较慢，花了近三年的时间。这期间银行保险规模持续下降，核心的个险渠道业务转型乏力，泰康历史上首次出现业务规模的负增长，换了几任个险事业部总经理都没有起色。外资股东对此有意见，要求对治理结构进行调整。

在建立首席制以前，泰康的管理层以总裁室为核心，基本就是创业团队。我创办泰康的时候完全没有金融业从业经历，联合创始人任道德是从中国人民银行下海的，也没有保险业管理经验。那时候监管机构要求保险公司总经理至少有五年金融业的管理经验。核心团队中的李艳华、贾莉萍、黄新平这些创业元老虽然后来都陆续成长为公司高管，但当时的资历肯定不够，也没有干过具体业务。

所以我们请了一个负责业务的总裁，一开始是从中国人保北京分公司总经理任上退休的王玉泉，两年后刘经纶从平安保险过来接棒，先是做副总裁，后来任总裁兼首席运营官，退休后是泰康保险集团的监事长。胡昌荣1997年下海加盟泰康，筹建了泰康第一家地方分支机构。还有公司在筹备的时候我就找了保险业的元老王恩韶和欧阳天娜当我们的顾问。欧阳天娜一手建立了泰康的运营体系。

这个团队最大的问题是专业化程度不高，外行领导内行。所以我们以外资入股为契机，建立由首席执行官、首席运营官、首席财务官以及首席执行官提名、董事会任命的成员组成的管理委员会，由首席执行官主持，在董事会的领导和监督下，全面负责公司日常管理工作。也是在这个时候，泰康引入了具有国际背景的首席精算师、首席财务官、首席信息官等专业人才，如尹奇敏、周国端、王道南等。泰康的首席投资官段国圣也是在这个阶段加盟泰康的，他主导组建了泰康卓越的投资团队和投资体系，并带领团队打造了泰康投资的金字招牌。

按照公司治理原则，CEO应该负责推动战略落地，对经营结果负责。但我作为公司CEO，在2011年之前其实并不直接分管业务，业务一直由原来的总裁兼首席运营官负责。面对公司业务下滑和外资股东对治理结构的意见，我就把 CEO 做实，把业务接过来，原来的总裁兼首席运营就回归本职。同时成立了 CEO 办公室这个部门，真正建立以 CEO 为核心的指挥体系，提升公司的决策效率和战略执行效率。

随后又调任程康平担任个险事业部总经理，以重塑个险，扭转银保依赖，回归价值。当时他提出统一思想、统一行动、统一产品、统一资源、统一策略、统一推动的"六个统一"，并以新单价值为指挥棒，把个险事业部总部打造成作战中心，强力推动价值转型。同时在分公司层面，我提出二级 CEO 概念，建立大分公司，由分公司总经理全面负责，对他们进行新单价值、大个险考核。到 2015 年，泰康十五年期及以上的大个险产品占比已近 70%，新单价值名列国内寿险业第四，成为全行业新单价值增长最快的公司，实现了速度快、效率高的优质增长，打赢了价值转型、大个险落地这场硬仗。价值经营的理念深入人心。

在这期间，泰康开启的养老服务探索的成效已经开始显现，特别是保险和医养实体结合带来商业模式的变化，为泰康人寿的价值转型和大个险发展提供了全新的动力。最关键的是，2012 年泰康人寿推出了对接泰康之家养老社区的保险产品"幸福有约"。幸福有约由泰康人寿的传统年金保险加上泰康之家提供的未来入住养老社区的确认函组成，是保险历史上首个定价 200 万元的寿险产品。虽然以前寿险公司包括泰康历史上也出现过亿元保单，但是单个产品定价这么高的从来没有出现过。这种"价格锚定效应"也意味这个产品的客户圈层发生了变化，泰康打破了保险行业几百年没有批量高净值客户的历史。幸福有约的销售量 2012 年只有 300 余单，到第二年就超过 3000 单，新单价值贡献占泰康人寿整体的比重超过10%，2021年幸福有约销售了2.9万单，新单价值贡献占比首次超过20%，银行保险渠道新单价值贡献占比更是超过50%。

当任何一个业务或者市场贡献的利润达到20%，而且对其他业务有连锁效应的时候，必然要进行战略层面的调整。所以2021年，泰康人寿围绕绩优代理人和幸福有约，提出回归省会本部和中心城市的战略。当然，这个战略的底层逻辑，还是以价值经营为导向，发展大个险。

这一次我吸取了价值转型的教训，迅速调整组织结构和组织流程。2013年幸福有约产品面世不久，泰康人寿就在总公司层面成立了行业第一个高客事业部，代号F1（现在的健康财富事业部），主要职能是探索如何为幸福有约客户提供更专业、全面的服务，由汪刚负责。2016年泰康集团化后，关于F1是放在集团还是寿险子公司有很多的争论，因为从幸福有约客户的角度来讲，各个子公司都有，应该由集团来统一管理。但是如果作为一个集团总部的部门，它的功能也只能停留在对内强化战略共识、建立品牌形象层面，离真正的客户会很远。泰康人寿是幸福有约客户最多的子公司。我们最终下定决心把F1放在泰康人寿，由泰康人寿总裁担任第一责任人，并把在集团层面启动的健康财富规划师项目组整合进F1。

最重要的是根据市场结构对分公司进行考核标准的调整。以前泰康人寿根据市场大小将36家分公司分为A、B、C三类：经济发达、人口多的地方，比如山东、四川、河南、广东、江苏等地的分公司是A类机构；北京、深圳、大连、青岛这些地方虽然经济发达，但是人口相对少，其分公司是B类机构；广西、内蒙古、甘肃等地的分公司被列为 C 类机构。

在新战略下，我们以人均 GDP 和幸福有约客户存量作为分类标准，将分公司分为发达市场机构、双战略机构以及基盘市场机构三类。像北京、上海、深圳以及浙江、江苏、大连、青岛等地的分公司都属于发达市场机构，幸福有约保费占比高，增长速度快，要加快投入，推动高素质的健康财富规划师队伍建设；山东、四川、河南、湖北等地的分公司被列入双战略机构，在建设高素质健康财富规划师队伍的同时，巩固传统队伍与客户优势；基盘市场机构基本还是原来的 C 类机构，市场较小，发展速度相对较慢。

同时，我们也根据不同的市场类型制定不同的考核标准，坚定地进行重奖重罚。2022 年泰康幸福有约销售了 3.6 万单，新单价值贡献占比上升到 33%。特别是在全行业大幅负增长的情况下，泰康在"老六家"[①]中是唯一出现个位数负增长的，发达市场机构基本都实现了正增长。

战略的调整必然需要组织再造和流程再造的支持，而开启新的业务，特别是进入非主业的新行业时，最稳当的方式是新建团队进行探索。2007 年尝试进入养老服务业的时候，泰康基本还是一个纯粹的寿险公司，刚刚走过自己的第一个十年，旗下两家子公司，泰康资产成立不到一年，前身是泰康人寿的资产管理中心；泰康养老也刚刚拿到牌照，前身是泰康人寿的团险事业部。对于寿险公司来说，养老服务完全是一个新方向。虽然人口老龄

---

① "老六家"指中国人寿、平安人寿、太平洋寿险、泰康人寿、新华人寿、太平人寿等六家国内头部寿险公司。

化的趋势我们是确定的,但当时国内养老产业还没发展起来,未来走向如何还不明朗。

泰康保险集团现任总裁兼首席运营官刘挺军当时在泰康资产负责运营。早在2004年他就承接了资产负债匹配研究的任务,包括我曾经关注的国泰人寿在台湾经济起飞时期购买商业不动产的模式。当我们有了进入养老服务业的想法时,他接受了这个任务。但是没有几个人愿意放弃资产管理公司的"金领"岗位,跟他出来干养老业务。最初的核心团队就只有他和邱建伟等三四个人。现在邱建伟已经是泰康之家的CEO了。

刚开始的时候,做什么、怎么做都不清楚。在短暂的轻资产运营模式失败之后,我们率先把美国大规模CCRC模式引入中国,并于2010年成立泰康之家子公司,作为养老社区投资、建设和运营的实体机构。在泰康业务由养老拓展到医疗,明确提出医养融合战略后,我们又在泰康之家之上,于2018年设立泰康健投,统筹泰康之家、泰康医疗和后来收购的泰康拜博口腔的协同发展。这在经营治理结构上解决了进军医养产业初期的效率问题。

同时,随着泰康医养事业的进步以及与寿险主业的深度融合,我们在2017年提出了打造大健康产业生态体系的大健康战略。而泰康在2016年完成的集团化改造,是推动大健康战略形成和落地的组织基础。在2016年成立集团以前,泰康一直由寿险公司代行集团管理的职能。我们也曾请波士顿咨询公司对集团化进行研究,但是监管机构规定旗下必须有财险公司,产寿险混业才能成立集团,而且当时泰康之家业务还在探索中,就搁置了。到2015年泰康成立互联网财产保险公司泰康在线,首个泰康之家旗舰社区在北京已经投入运营，其他公司的发展也具有一定规模，集团化才又被提上日程。

我认为集团最核心的作用是战略协同，实现效率最大化和资源价值最大化。所以泰康的集团化最终采用的是战略管理型结构，集团不做生意，立足"专业、服务、管理"协同和赋能子公司，专业是基础，管理是结果，管理的功能孕育在服务的过程中，最终把"五个手指攥成一个拳头"，打造大健康产业生态体系。

其实集团的管理就是条和块的矩阵式管理。条的管理就是从上到下的专业条线管理，可以从集团一直下沉到子公司，块的管理就是集团总部和各子公司以及各个部门自身的管理。子公司有双重身份：一是作为利润中心，发挥企业家精神和创新精神；二是作为事业部，各自承担集团战略的部分职能，推动战略落地。

泰康大健康产业生态体系战略由长寿、健康、财富三个闭环组成，实现路径是做大支付、布局服务、投资与建设生态、数据科技驱动、打造软实力，由集团领衔子公司来完成。泰康人寿、泰康养老和泰康在线三家保险子公司承担做大支付的职责，与泰康之家、泰康医疗、泰康拜博口腔的布局服务，以及泰康资产承担的投资与建设生态职责一起，完成三大闭环建设。数据科技驱动是指在集团层面建设底层基础设施平台，将应用放到子公司。软实力建设也是由集团统筹。

在泰康三大闭环中，由泰康人寿和泰康之家组成的"长寿闭环"相对成熟，是公司商业模式的护城河。从投资、建设、运营医养实体出发，再回到医养实体的超级体验式营销，通过营造沉浸式的体验，让客户能够直观地畅想未来的享老生活，带动长期分红年金产品的销售，这可谓形成了"一个美妙的闭环"，从根本上改变了传统的寿险销售流程。不过，由于养老社区和幸福有约、健康财富规划师分属两家子公司，如何实现高效协同成为集团战略落地需要攻克的难题。

2019年，各子公司之间的协同机制仍处于摸索阶段，寿险队伍销售社区现货的动力不足。特别是彼时泰康之家·粤园社区开业已超过两年，但是入住率仍处于较低水平，面临库存量大、销售速度慢的双重问题。我推动时任集团副总裁兼首席财务官周国端牵头成立了"期现联动政策"跨集团工作小组。小组以期现联动为抓手，在泰康之家·粤园开启了第一阶段的试点工作。这一政策自2019年7月执行以来，获得了一线的高度认同，寿险队伍逐渐意识到，实体现货的稀缺性对推动保险期货销售意义重大，这大幅提升了代理人现货销售的积极性。

在此基础上，2021年集团层面正式成立高效协同委员会，发布了《高效协同委员会工作办法》《集团高效协同评价机制》等14个管理制度，不断完善了高效协同的组织机制。到2022年，我正式提出"超体统领一切"，超体管理就成为集团进行战略协同的抓手。

管理者是决定因素

"政治路线确定之后，干部就是决定的因素。"[1] 这是毛主席在中国共产党扩大的六届六中全会上提出的一个重要论断。我觉

---

[1] 毛泽东. 毛泽东选集：第二卷 [M]. 北京：人民出版社，1991年：526.

得这句话很有力量。在企业经营上，也可以说，战略决策之后，管理者就是决定因素。

我觉得一个好的经营治理结构，在完成组织建设的基础上，还需要有好的领头人加一个好的团队，这两者缺一不可。这是必要条件。从来没有一个人打天下的，一定是优秀的企业家带一个优秀的团队。

但是优秀的管理者和团队从哪里来？这是所有企业家和CEO永远需要面对的问题。绝不能指望什么"立竿见影""毕其功于一役"的灵丹妙药，而是从招聘开始，做好选人、用人、培养人和留住人的一整套人才及团队建设制度与体系。特别是公司发展到一定阶段后，还要考虑管理者和员工退休和接班的制度安排。

招聘是战略。招一流的人才，十年后这些人成长起来，就能为公司做出贡献，二十年之后，公司一定是一流的企业；招二流人才，二十年后，公司就是二流企业。所以首先要把好人才的入口。

但是一流人才也不是想要就能招来的。特别是在创业起步阶段，企业前景不明朗的时候，怎么吸引一流的人才呢？主要靠理想。所以企业家的初心、理想和信念很重要，愿意在这个阶段和你一起打拼的，基本都是志同道合的人。

泰康的初创团队主要由三拨人构成，一是从国家机关下海的干部，二是来自国内同业的优秀管理者与骨干，三是来自外资保险公司的国际优秀人才。他们很多都是泰康管理层的核心，这些年基本陆陆续续都退休了。创业初期加盟的很多年轻人也已经成长起来，成为泰康的核心高管。比如现在泰康人寿的常务副总裁薛继豪、泰康科技运营联席 CEO 董燕都是 1996 年就入司了，集团的首席财务官兼首席精算师刘渠、集团审计责任人兼稽核中心总经理周立生都是从学校毕业就加入泰康。

企业进入发展阶段后，就要通过事业平台来吸引人。做企业就是搭舞台，要让人才施展才华、实现抱负。21 世纪初，泰康开启快速机构布局，短短三年新成立了 23 家分公司、168 家中心支公司，人员靠内部成长是完全不可能的，只能从外部补充，尤其是分公司一把手及核心班子。这给同业想干事、能干事的年轻人才提供了机会和舞台。当时我们成立了四个前线督战组，奔赴北京、上海、深圳及成都，分片区从其他保险公司招人。一要业绩好，必须是靠打仗打上来的；二要素质高，至少是本科毕业；三要价值观端正，认同泰康文化和理念。执行这个战略的核心骨干是现任集团首席人力资源官苗力，她这些年为泰康的集团化和战略推进做出了贡献。

最重要的还是建立自己的人才培养体系。下海前我在国家部委工作的经历对我启发很大。改革开放之初，我们国家经历了干部年龄老化、青黄不接、人才严重断档的时期。20 世纪 80 年代初我大学毕业进入外经贸部工作的时候，那里有很多老专家，年轻人比较少。我在那里工作了五年，我观察到他们每年都成建制地从重点大学招收优秀应届毕业生。每年校招一批，培养一批，历练一批，选拔一批，经过"层层夯土"，我调到《管理世界》杂志社的时候，年轻干部及骨干队伍已经成长起来，基本完善了人才梯队。

随着公司进入稳定发展阶段，业务规模不断增长，对人才的需求也越来越大。2009 年泰康在北京西山召开了一场人力资源战略会议，我在会上提出"未来15年，其意义不仅是市场扩展、产品创新、利润再造，还要上升到人才是企业竞争最后的根本，要坚定打造丰富、一流的人力资源大公司"。

2010年，泰康在前期小规模校园招聘"雏鹰计划"的基础上，启动大规模校园招聘"千人计划"，每年从优秀高校的应届毕业生中引进1000人。"千人计划"正式启动的仪式特意选在了北京大学百周年纪念讲堂举办，我亲自到场摇旗呐喊。2012年，我们将"千人计划"的招聘会开到了哈佛大学，开启了全球招聘的历程。一年1000人，十年就是1万人，一层层夯土，再通过两年三阶段的系统培养，这些人才被招进来五到八年后基本就能成为部门骨干和年轻的后备管理者。而且"雏鹰计划"和"千人计划"在一线员工的编制和成本均由总部承担，大大丰富了一线人才的梯队。随着泰康深耕寿险产业链，全面迈向大健康产业，2018年我们又启动"百川计划"，面向全球吸引健康、医疗、养老、科技、服务等全新领域的专业人才，充实医养康宁等各大业务板块。

在这些基础上，我们逐渐建立起年轻化、知识化、专业化、市场化、国际化的人才与管理者体系。一大批毕业于北京大学、清华大学、哈佛大学、哥伦比亚大学等国内外顶尖名校的人才进入泰康，很多80后、90后已经走上重要岗位。

其次，在人才培养上，一定要舍得投入。泰康在这方面一直特别舍得花钱，举几个小例子。1995年，在泰康的筹办费支出中，除了人员工资23万元之外，金额最高的就是培训费20万元。1996年初公司还没正式成立，我们就下定决心要用一年300万元人民币的天价培训费，聘请6位来自台湾保销集团的行销顾问做营销培训。2000年外资入股时有一笔250万美元的援助费，当时折合人民币2000多万元。我们用这笔钱分别在北京大学和武汉大学办了EMBA班，我和所有的管理层以及分公司一把手，都进行了系统学习。而那时候外资买我们近25%的股份用了11.6亿元，把这2000多万元投入人才培养，体现出泰康的魄力和对人才的重视。

我们2000年搬到长安街畔的泰康人寿大厦时，在寸土寸金的地方拿出了整整一层楼做培训教室。2016年8月，经历七年规划，总投资12亿元，建筑面积9.7万平方米的泰康研修院正式落成。这是集培训、会议、住宿、康体为一身的现代化培训基地，成为泰康"精神的家园、人才的摇篮、事业的新起点"。

当然，比硬件更重要的是培训体系的建设。光靠外部引进，光靠输血，自身没有造血能力，是无法打造强大的人才队伍的，必须建立自己的人才培养体系。

创业之初，主要进行营销人员的业务培训。1996年我们在台湾顾问的帮助下设计了培训体系。2001年我们推出了营销骨干的培训体系"世纪组训"，旨在为公司业务的快速发展培养一批既懂业务又懂管理的"双核人才"，做好营销业务及团队管理工作。这个项目每年开班两期，封闭培训和实战训练周期长达80天，到现在已经持续了50期，结训超过6000人，这些年人才留存率超过50%。我们也要求泰康的营销管理者优先从"世纪组训"中选拔，在留存员工中，近40%走上了管理岗位，包括泰康人寿助理总裁、分公司总经理这样的重要管理岗位。

针对综合管理者，尤其是极具发展潜力的基层及中层管理者，我们为其量身定制了"泰康青干班""泰康中青班"这两个后备管理者培养项目。通过"千人计划"引进的应届毕业生，通常入职三至五年后，如果绩优且被晋升提拔，则有机会参加"青干班"培训；之后再经过五至八年的历练，持续绩优且持续被晋升提拔，则有机会参加"中青班"培训。通过"百川计划"引进的精英人才，在熟悉了解融入泰康后，也会根据各自情况，加入青干班或中青班受训。

针对高层管理者，我们先是从2011年高盛入股后，每年一期，分三期派总部高管和分公司总经理参加了在全球享有盛名的高盛"松树街"培训项目；后来还与哈佛大学合作，启动了针对高潜接班人的"哈佛班"培训项目。

这么多年下来，我的一个深刻体会就是：不要迷信"外来的和尚会念经"，核心管理者最好是自己培养。要想带出一支意志坚定、认同公司、攻坚克难、术业专精的管理者队伍，就必须在管理者培养方面长期投入，下足功夫，真的没有捷径可走。

而企业在发展的过程中，一定会遇到新老交接的问题。我认为企业一定要做好接班计划，但是不要指定某个人做"接班人"。

"将军是打出来的。"人才一定要上战场，一定是在做事的过程中，在战火中锻炼出来的。就像泰康集团现在的总裁刘挺军，他1997年博士没毕业就加入泰康，一路历练，当我们要开启养老事业的时候，他挺身而出，组建团队，从零开始进行探索，带领泰康基于养老社区进行医养康宁的全产业布局，可以说是一手打造了泰康的服务板块。

2020年初疫情在武汉暴发，泰康全力投入抗疫，2019年底才担任集团总裁的刘挺军是实际上的总指挥。一上任就遇到这么大的挑战，他扛下来了。特别是在抗疫行动最吃紧的时候，我们把新建的泰康同济（武汉）医院改造为新冠肺炎救治定点医院，但是在人民解放军医疗队入驻之前，还有大量的改造工作需要协调决断，如果只在后方指挥，效率就太低了。刘挺军主动请缨，最后和陈奕伦等一行五人从北京逆行至武汉，成功完成医院改造并交到人民解放军医疗队的手里。最终我们这个医院救治了2060个确诊病例，在武汉市医院中排名第二，获得了国家的表彰。

泰康人寿的总裁程康平也是从基层一步步成长起来的管理者。他从泰康人寿除北京总部之外的第一家机构武汉分公司的营销部经理做起，逐步成长，先后担任多家分公司总经理。2013年，程康平调任助理总裁兼个险事业部总经理。泰康人寿个险渠道在他的带领下重新进入了发展快车道，他自然也成为泰康人寿总裁的不二人选。

所以，上战场、打硬仗是考验人才、锻炼队伍、选拔管理者最好的方法。一定要记得，人才没有最优解，只有次优解。尤其不要奢望做任何事情一开始就有一个百分之百适配的人准备好了。你把平台搭建好，他在那个位置上，把事情做好、做成功了，他就是最好、最合适的人选。现在泰康从集团总裁到各个子公司的一把手，基本都是70后了。刘挺军是1972年的，泰康养老总裁薛振斌是1977年的，泰康之家CEO邱建伟是1976年的，泰康拜博口腔CEO陈宏华是1978年的。泰康科技运营联席CEO杜彦斌、泰康资产副总经理陈奕伦甚至是80后了。泰康也通过这种方式，让一大批年轻人成长起来，和风细雨地完成了核心高管的代际更替和管理人才的年轻化、知识化、专业化与国际化。

第三章　治理结构

同时，人才成长需要时间，需要历练，对此一定要有耐心，急不得。有时候提拔太快，也是灾难。我的经验是，不管哪个层级的负责人，一定要做三到五年的二把手。因为只要不是当家人，他一定要按照一把手的意志办事。二把手要是得不到一把手的支持，他的想法有时候实现不了，没有这种劲儿使不出来的磨砺，当不好一把手。用人最重要的是多看优点，少看缺点。尽可能用人所长，用优点补缺点，用团队补个人。

在这里，我特别要强调"带团队要用心"。每年公司新员工入职的第一课，都是我来讲公司的战略与企业文化。这么多年泰康的员工和管理者培训，我都坚持到现场，只有一次"世纪组训"因为在国外出差没能赶到现场。每到新年，泰康的高管、分公司总经理，都会收到我的亲笔贺卡，十几年不断。2016年泰康二十周年司庆，公司有6000位优秀员工代表到人民大会堂参加庆典。每位员工的邀请函上写着他们的名字，都有我的亲笔签名。为什么要亲笔签，不用签名章？因为这代表着我对每位骨干员工、每位核心管理者发自内心的尊重与感激。

将心比心。当你对员工和管理者付出真心，他们也会以同样的真诚回馈你，回馈公司。这样用心带出来的队伍，才会有真正的向心力、凝聚力和战斗力。

当然，要把优秀人才留住是一门更大的学问。不能只讲理想情怀，只谈奉献进取，只靠许愿画饼，还要讲人性，讲人心，把薪酬福利落到实处，真正让员工从公司的长期发展中受益，真正让员工的付出得到重视与尊重。

不过泰康从来不靠高薪酬来招人，也不靠高薪酬来留人。我们更看重的是管理者、员工与公司共同成长，在提供有竞争力的薪酬的基础上，用期权和股权等长期激励的方式，与优秀人才建立长期的伙伴关系。

早在2000年引进外资时，泰康就在新的公司章程中提到了员工持股计划和员工股票期权。在过去二十年里，我们先后推出了"长期激励计划"和"员工持股计划"两个股权激励方案。无论是员工覆盖范围，还是总体投入规模，我们都是业界领先的。

泰康首次长期激励计划从2003年开始实施，分三期进行，超过2500人次参与，覆盖了公司8%的员工。那段时间，有不少新兴保险公司成立，各家公司竞相挖人，这次长期激励计划对于稳定核心管理者、稳定业务骨干，起到了至关重要的作用。2015年启动的员工持股计划覆盖近5000人，占当时公司员工的近20%。长期激励对优秀员工长期留存的效果显著：我们做过统计分析，保险行业内勤人员年流失率为16.5%，泰康的流失率平均为12.2%，而参加泰康员工持股计划的员工的流失率仅为3.2%。

泰康两次股权计划退出最终清算，让泰康核心骨干员工获得丰厚回报，分享公司经营成果。2010年，我们又推出了企业年金计划，这已成为员工退休生活的有力保障。这笔养老金累计至今有40亿元人民币的规模，只有20%是员工出资，其余都是公司出资及公司代管的投资收益。

所以，做企业，要讲人性，要给员工体面的工作、稳定的收入、阳光下的财富。这样才能从长期利益上与员工深度绑定，从根上解决企业长期发展的人才问题。

而企业发展到一定阶段的时候，都会遇到"老革命跟不上新形势"的问题，很多企业家常常纠结他们的去留。

泰康的经验是"在发展中解决问题"。当公司快速发展，事业越来越大，舞台越来越广阔，一定会缺管理者、缺人才，你会有足够的岗位安置"老革命"，只是他们不在关键岗位了。一个公司从零开始创业，很多人在公司早期规模还很小的时候就跟着你干，不能说公司大了，他们跟不上了，你就把人开除了。

同时，"老革命"也可以解决新问题。一项工作做长了，做熟了，难免会让人心生倦怠。面对发展过程中的新问题，我们会有意识地调"老革命"去解决，让他们常干常新，倒逼他们持续学习成长。

绩效制定比考核更重要

以前，我对绩效的认知长期停留在KPI（关键绩效指标）的层面，认为它只是人力资源部门年底考核管理者和员工以及进行年度表彰与激励的一个依据。因为所有人都是"屁股指挥脑袋"，没有KPI这根指挥棒，员工的当下价值就没有办法体现，短期的奖金、晋升就没有评判依据。当年底人力资源部门向我汇报高管和子公司的绩效时，我要是忙，看一眼就过去，基本是凭印象打分。虽然不能说过去是粗放经营，但是我一直都认为这个体系不科学、不敏感。

后来我认识到经营治理成为战略落地的第一要务，组织绩效就成为完善公司经营治理结构、推动公司战略落地的指挥棒，更是实现公司发展目标的重要战略管理工具。

为了让绩效考核成为公司战略意图的核心体现，泰康首先在集团层面成立绩效委员会，统筹管理集团及子公司的绩效制定及考核工作；各子公司也纷纷成立了一把手挂帅的绩效委员会及工作小组，建立以 CEO 为核心的绩效文化和绩效体系。

在绩效委员会的统筹下，我们通过从战略到组织到个人的绩效设计制定、绩效追踪评估、绩效结果应用，将战略目标和经营目标层层分解，以激励与约束并重的原则强化绩效考核，搭建了完整的、动态的绩效体系。此举改变了绩效只与业绩挂钩的传统模式，让绩效能够更好地贴近战略，也让战略能更好地通过绩效落实到组织和个人，最终推动战略目标的实现。

组织是承接战略的第一单位，之后战略再从组织分解到个人。所以绩效也分为组织绩效和个人绩效，对管理者就先考核组织，再考核个人。在绩效委员会的工作机制中，体系化、目标化、主次化是核心要求，在此基础上也形成了组织绩效的几个关键点和大原则。

第一，组织绩效要体现战略，要让战略落地。泰康现在的战略是建设大健康产业生态体系，打造长寿时代泰康方案。我们也厘清了做大支付、布局服务、投资与建设生态、数据科技驱动、打造软实力的战略实现路径，并分解到每个子公司。各个子公司根据集团战略分解来制定自己的战略。比如泰康人寿是做大支付最核心的承担者，而做大支付的核心之一是提升队伍的销售能力，销售能力的提升要依靠绩优销售队伍。这样层层分解下来，泰康人寿的核心战略和组织绩效就是做大做强绩优队伍。所以绩优队伍的数量和质量，就成为我追踪泰康人寿日常管理的关键指标之一，而不仅仅作为年底考核的依据。

当然，泰康人寿的绩效与考核体系经历了多年的演进和发展，整体思路从考核规模保费、大个险保费逐步过渡到以价值为核心，其根源就是公司战略的变化。前文讲泰康从 2009 年开启价值转型，在原来关注总资产、总客户数和总保费、个险保费的基础上，在考核中增加了大个险、新单价值和内含价值等关键指标。当然一开始是以个险、大个险保费为主，陆续增加新单价值和内含价值在绩效中的权重，最终实现过渡。2011年，我们开创性地建立了"核心价值"指标，以内含价值为基础，同时兼顾效率与品质，将前端销售与中后台管理相结合，实现了对泰康综合经营情况的整体反映。

直到今天，核心价值仍然在泰康人寿的组织绩效考核体系中占据绝对权重。公司对这一指标的关注有力地促进了泰康价值转型战略的落地，也得到了同业公司的纷纷效仿。核心价值指标体系的最大优势在于其设计框架的科学性：新单价值反映销售能力和市场地位，费差体现经营效率，继续率、赔付率等调整项体现公司业务品质。在这一框架下，指标的具体口径可以随着公司发展阶段的变化进行不断调整，以适应公司战略的变化，从而充分发挥指挥棒的作用。

在当前宏观环境面临挑战的情况下，泰康又提出要打造三差平衡的商业模式，实现"业务好、财务好、服务好"。经集团绩效委员会讨论，泰康人寿的组织绩效考核体系中进一步加强了对三差的关注，我们用新单价值成本率代表费差，用健康险保费代表死差，用投资收益反映利差。就在这个过程中，我也进一步认识到新单价值和新单价值成本率就是销售能力，负债成本代表成本管控能力，投资回报率就代表投资能力。目前，泰康在这四大指标上的表现已经遥遥领先同业公司，这也是我们将近三十年积累的成果，未来这"四大指标、三大能力"也会是集团和相关子公司的工作重点。

第二，指标要精简聚焦、分清主次，体现经营成果的重点指标权重一定要突出。近年来，集团对子公司组织绩效考核的重点越发突出。我们鼓励发展，代表"增长与盈利"的指标权重基本占据大头，比如价值、保费、收入、利润等等；同时，我们还关注核心战略的落地情况，比如绩优建设、服务质量等等。绩效委员会通过讨论，赋予组织绩效中不同指标不同的意义。"硬指标"代表结果，价值、利润是硬道理，我们认为原则上核心业务和财务指标的权重不低于一半；"软指标"是关键的过程指标，其得分不可以冲淡硬指标的分值。同时，整个体系当中还有加扣分项、观察项等等。虽然整体以当期为导向，但同时也会兼顾中长期的发展情况。

第三，组织绩效的目标要有激励性、导向性、科学性，要与市场比、与系统内部比、与自己比。一直以来我都会强调组织绩效的目标设置要合理，要"踮踮脚可以够着"，就是要能够驱动愿景、参考对标、现实可达，避免实践中的过度考核造成行为的异化和变形。在考核目标的设计上，我们一是与自己比，追求每年价值的正增长；二是与市场比，关注市场对标的情况；三是与系统内部比，各兄弟机构之间要合理竞争。最后，目标的设定并不是一成不变的，组织绩效工作小组会在年内持续对目标达成进展进行追踪和校准，每半年有一次调整机会。

第四，组织绩效要层层分解并体现差异化。一方面，我们根据公司战略、经营需要、成长过程、专业考量四个维度，差异化制定各个子公司的组织绩效考核方案。同时强调对于不同类型、不同发展阶段的子公司，其考核不具有横向可比性，我们更关注与其自身过往表现的对比。另一方面，集团联合各子公司绩效小组，通过差异化指标、差异化目标、差异化权重来层层分解落实绩效考核。比如，对分公司的薄弱项或重点提升项，会适当加大权重，对泰康实体机构覆盖较多的地区，会适当提升目标等等。通过以上具体的动作，我们将差异化的经营真正地落在了差异化的考核上。

第五，组织绩效要实事求是、定期审视、动态管理。在集团绩效小组的工作机制中，我们实事求是，建立了常态化调研机制。集团与各子公司会组织开展分板块、分条线、分机构层级的各类调研，通过充分的沟通讨论，广泛听取意见建议，从而推动形成绩效考核的共识。另外，我们也建立了定期审视和复盘调整的机制，根据内外部形势的变化，月度追踪、季度盘点、半年复盘、年底考核，定期开展执行检视和动态调整，持续优化组织绩效方案。

在组织绩效明确后，还要保证战略能够通过组织绩效传导到个人绩效，让每一个战略任务都有层次地被承接和落实。具体来说，组织绩效的考核内容首先会在子公司 CEO 的个人绩效中占据相当大的权重。之后，集团和子公司的绩效委员会将各专业条线的战略任务分解到各子公司对应高管的个人绩效当中，再进一步层层分解至各部门负责人以及各个员工。

在这个分解的过程中，组织和个人的核心目标及工作任务均得以明确。当然，这期间的工作方式也要得当。集团需要与子公司绩效小组充分讨论，让自上而下的分解结合自下而上的反馈，从而进一步形成共识。这一方面可以确保考核的方向、要求与子公司整体的战略任务相匹配，另一方面也可以确保考核的公平、公开和公正。

经过层层拆解，所有员工的个人绩效加起来一定大于等于整个组织的绩效，也就可以实现整个组织的战略目标。我也说"绩效是所有经营结果的体现，它是对团队和人的价值的最大认同"，这个认识过去也有，但是现在被提到了更高的高度。

完善的绩效体系可以对组织和人的价值贡献进行更加合理、量化的评价，这最终又会与人力资源部门高度联动，落实到人才定价和奖惩激励上面，形成战略—组织—团队—绩效—考核—评价的完整过程，推动战略的落地和战略目标的实现。

荣誉体系是经营治理结构的重要支柱

绩效与考核基本是一个当期的概念，尽管泰康现在对组织和管理者的考核评价会综合看三年的表现，但是对于公司长期的战略来说，需要有更加稳定的经营治理结构来支撑。

人有生物性和社会性的双重属性。在马斯洛的需求层次理论里，除了生理、安全、社交的需求，人还有被尊重和自我实现的需求。所以一个企业要打造长期组织，吸引、培养和留住人才，除了物质层面的短期和长期激励，在精神层面对人才予以认可和尊重同等重要。这样才能实现员工对组织文化价值观的认同，激励组织和个人长期发展、持续成长，建设生生不息的稳定的经营治理结构。

我认为荣誉体系是打造伟大组织治理结构的重要支柱，它是一个企业文化价值观的体现，代表着企业的价值导向。一家企业表彰什么、彰显什么，就代表着企业认同什么、看重什么，最终也会反过来影响员工的行为和企业的文化。所以一个人到一个新的企业，要想知道自己跟这家企业是否适配，最好的方式是了解它的荣誉体系。

泰康用大概二十年的时间，建设了现在全面的荣誉体系。我的经验是，荣誉体系首先要体现战略和企业文化，既要关注当下，又要着眼长远。其次要全面公平，既要有普遍性，又要奖励优秀；既要激励前台销售人员，也要奖励中后台的内勤员工。更重要是要有严格的标准、透明的规则以及长期的坚持，最后才能在组织中形成影响力和号召力。

我在前文讲在集团的战略下，寿险公司是做大支付任务的核心承担者，做大支付最终要落到绩优销售队伍上。所以我们的荣誉体系首先就要崇尚销售、崇尚绩优、崇尚英雄。我经常说客户是代理人的衣食父母，代理人是公司的衣食父母。对保险代理人，也就是我常说的外勤代理人的表彰，是泰康荣誉体系的重中之重。

泰康人寿刚成立的时候，我请台湾顾问来帮我们建设营销体系。他们教我最重要的是要跟团队和员工在一起。那时候我们的员工和代理人数量少，到年底的时候我们就搞董事长荣誉宴，我带着高管招待绩优的代理人和优秀员工。现在我去分公司，还是有这个传统，特别是分公司逢"五"逢"十"周年的司庆，我一般都会到现场，他们一定会安排董事长荣誉宴。业绩最好的坐在我旁边，分公司一把手都是陪客。

现在泰康面向代理人最重要的荣誉体系包括每年一度的"世纪圣典"，每五年一次的授勋表彰和"星光大道"活动，以及2023年新增的"HWP企业家"晋升仪式。

"世纪圣典"是我们代理人的嘉年华，从2002年开始每年举办一次，对各个销售系列业绩卓越、品质优异的营销精英进行表彰，从一开始的每年100人左右，到现在每年入围的已经超过1000人。每次"世纪圣典"活动大概举办三天时间，在疫情之前，我们的规定是一年国内一年国外，每次选一个城市，一天表彰学习，一天庆祝狂欢，一天观光游览。这些年累计有近1.5万人次入围，足迹遍布五大洲10个国家和地区的19个地标城市。我也兑现了当年许下的带他们实现中产生活梦想的承诺：拥有丰厚的收入、体面的职业、健康的体魄、充足的闲暇，周游世界。

每当这个时候，我和公司高管就是最大的服务员，每一次我都全程参加、全程陪同。我和子公司一把手陪同四个销售系列的会长，其他的高管和分公司总经理就分别陪同各系列精英。第一届"世纪圣典"在北京饭店金色大厅举办，我带领全体高管在门口列队欢迎各位营销精英时，很多伙伴都感受到了公司对他们的尊重和礼遇。这也成了"世纪圣典"的惯例。我一直讲，他们是这个典礼真正的主人，我们是虔诚为他们服务的服务生；他们是红花，我们是衬托他们的绿叶；他们是璀璨的明星，我们是追星族。

在2006年公司十周年司庆的时候，我们又策划了授勋表彰活动。之后每五年一次，对在公司发展过程中做出重大贡献的团队和个人进行授勋，这是一个长期综合的评价活动，不仅面向所有内勤员工，也针对外勤伙伴。对内勤人员，我们授予钻石、金质、银质、铜质勋章；针对外勤销售人员，授予一级、二级、三级勋章。现在我们也在考虑对功勋销售人员授予钻石勋章。

早期我到世界各地的保险公司学习，观察到基本上所有公司都有一面荣誉墙，保险代理人的照片都挂在上面，我就学了过来，在泰康的企业博物馆里建立了我们的荣誉殿堂。最早是在长安街边上的泰康人寿大厦，我们用一层楼做培训教室和企业博物馆，里面就有一个区域是荣誉殿堂，把所有获得勋章的人的照片陈列出来，让所有内外勤员工敬仰。2016年，位于北京昌平的泰康研修院建成，我把它定位为精神的家园、人才的摇篮和事业的新起点。精神的家园就是企业博物馆升级后的泰康生命体验馆和全新的星光大道。

泰康研修院前面有个小型的人工湖，湖面上架了一座桥。参照好莱坞的星光大道，我们把泰康最优秀的销售人员的手模镶嵌在这座桥上。截至2024年，我们共举行了两次，一共125人入围。北京分公司的李静莉、湖北分公司的刘利从首届开始连续二十多年入围"世纪圣典"，我们就把他们的手模做得最大，放在最中间。任何人从泰康研修院正门进入，就一定要经过这座桥。"星光大道"活动也是每五年举行一次，对连续进入"世纪圣典"或者多次获评"世纪圣典"会长的优秀代理人进行表彰。每一个新入职的泰康员工，入司第一站就是到生命体验馆参观学习，了解泰康的历史、战略和文化，激励自己全力奋斗、建功立业。

现在我们打造了全新的销售职业HWP，即健康财富规划师，推出了全新的《HWP基本法》，规划了从"认证HWP"到"HWP合伙人"再到"HWP企业家"的职业发展路径。所以从2023年开始，我们在泰康集团大厦举办HWP授勋仪式，并让这些"HWP企业家"也进入公司荣誉殿堂。

同样，对于内勤员工，我们也有一整套完整的荣誉体系。泰康这些年形成了一项独特的传统，即在每年司庆之际都会为长期服务的员工颁发"忠诚服务奖"。无论职级高低，无论专业岗位，员工工作满五年，就会获得一枚带星的金司徽，每增加五年司龄，新司徽上还会增加一颗星。所以在每年的司庆活动中，发放金司徽都是最有仪式感的部分。这些年金价年年涨，公司降本增效，我说别的钱都可以省，但这笔钱绝对不能省。因为这体现着公司对员工长期付出、忠诚服务的重视、尊重与感谢。到2023年，我们累计发放金司徽超4.9万枚，有16位员工领到了五星金司徽，服务超过二十年、领到四星金司徽的也有380人，服务十年以上的超过1.5万人。

当然年度表彰也必不可少，这直接与绩效和晋升挂钩。年底我会花大量的时间与大家讨论、投票、评选，确保过程的公平公正。在每五年举行一次授勋表彰的基础上，从2011年公司成立十五周年开始，我们每五年评选一次"感动泰康十大人物"，就选基层员工，让他们也感受到自己对公司的贡献能被看见。

此外，为了奖励长期为公司奉献的员工，增强归属感和凝聚力，自2015年起，泰康每年组织当年司龄达到十年、二十年的内勤员工到国内外旅游。十年来，累计出行10317人，在美国、澳大利亚、欧洲、日本、斯里兰卡、土耳其、埃及，以及中国新疆、四川等地都留下了泰康伙伴们的美好回忆。我还记得，在天津分公司成立二十周年庆典上，一位长期服务泰康的司机分享了他参加出国游活动的感受。他动情地表示，由于工作性质，平时鲜有出国机会，是公司让他得以走出国门，见识到了外面精彩的世界。这生动体现了泰康荣誉体系对员工个人成长和情感联结的积极影响。

第三章 治理结构

同时，为激励创新，在2021年泰康二十五周年司庆之际，我们首次颁发"重大创新表彰"奖，并且将这些重大创新项目和事迹汇编成文集《创新永续》，原汁原味地还原了泰康创新历程，也表达公司对创新者的敬意。

泰康的队伍为什么能够长期保持稳定，为什么能够有超强的战斗力、超强的战略执行力，我觉得与我们长期打造的这样一个荣誉体系有关系。短期和长期的物质激励是一方面，通过荣誉体系来统领我们的文化价值观更重要。

第四章

执行

我有一个座右铭：大事要敢想，小事要一点点做。不论是做嘉德还是泰康，我体会最深的就是这两句话。一定要把伟大的理想和扎扎实实的实践结合起来。

就像泰康的养老事业，从2007年萌发初心，2012年泰康之家·燕园奠基，2015年首户泰康居民入住，到2023年9月26日燕园第三期开业，成为一个拥有3000户的超大规模、高品质成熟养老社区，我们用了整整十六年的时间。在这十六年里，我们从零开始，摸着石头过河，在实践中与寿险主业结合，一步一步走到开创长寿时代泰康方案的新寿险新阶段。养老社区也从最初的一个构想，到基本完成全国化布局，走向发达市场网络化。回头看貌似"轻舟已过万重山"，外面看起来也是"一张蓝图画到底"，但这其中有多少辗转反侧、反反复复、举步维艰和战战兢兢？

所以，找到正确的方向、制定正确的战略只是企业走向成功的起点。战略再好，方向再正确，如果不能有效地落地执行，也只会是空中楼阁。那么，执行力从哪里来？

我的经验是，在建立高效组织体系的基础上，执行力首先来自高度的战略共识，要在董事会、经营管理层、核心管理人员与基层骨干员工三个层面对战略形成高度的共识。其次要有明确的战略落地路径，要找到关键抓手，并匹配支撑战略落地的资源。然后要科学地设定目标，不能定太高，也不能定太低，最好是踮起脚来够得着。最后要形成实现目标的关键能力和建立完善的指标体系，并且要有一套反馈机制来进行跟踪与考核。

战略共识就是执行力

企业家对企业的影响，归根到底来自企业家对战略的思考，对战略的明确描述，以及组织上下对战略的高度共识。有些企业，业绩不尽如人意的时候，常常简单粗暴地将之归结于执行力差。

我认为，企业的执行力必须建立在战略共识的基础之上。没有共识，战略也只是挂在墙上的口号。凡是执行力不够，首先是对战略的认识不足。如果大家对公司的战略是什么、为什么这么做，都不理解、不认同，怎么可能形成使命必达的强大执行力呢？当所有员工对公司的目标非常清楚，知道公司要做什么的时候，执行力自然就会形成。

怎么判断战略是不是想清楚了呢？就看能不能用明确简洁的语言把战略表述出来。用的语言越简单、越直白，说明战略思路越清晰，战略理解越深刻。比如，泰康的大健康产业生态体系貌似纷繁复杂，其实简单说来就是围绕"长寿、健康、富足"展开的，这六个字把我们所有的商业模式、所有理想和目标浓缩地概括了。同样，泰康有多家子公司，每家子公司的战略也都可以用一句话来概括。比如，泰康人寿要"做最大绩优公司"；比如，泰康之家做养老社区，既要拿地，还要设计、建设以及运营，看似复杂，但战略就一句话"养康宁全国化，发达市场网络化"。

有了清晰的战略，就要花大力气，统一思想，让公司上下形成对战略的统一认知和高度共识。在这个方面，泰康是有教训的。2006年泰康成立十周年的时候，我们开启了"双超"战略，目标是三年再造一个泰康。怎么实现呢？那时候平安保险、中国人寿等已经在主要城市等核心市场经营多年，我们作为后来者很难跟他们竞争，就想采用"农村包围城市"的策略。2007年，我们启动了县域保险战略，计划把机构网络铺设到全国2000多个县及重点镇上，作为实现"双超"的路径和方式。

实施县域保险战略后，再叠加银行保险的崛起，短期内我们将泰康的规模保费推到600多亿元的高峰，确实很快实现了"再造一个泰康"，甚至短暂地实现了"双超"。但是这些保费缴费期短、领取快，不能给公司带来现金流和利润；而且短时间内开设这么多机构，人才、队伍、管理都跟不上。到了2009年，虽然总保费规模仍创高峰，但新业务收入大幅下滑，给公司现金流带来巨大的压力。我们及时总结复盘了这次战略失策，于2009年提出价值转型和"大个险"战略，不再追求一味的规模化发展，而是注重价值与规模的平衡，推动多渠道共同发展，正式开启了泰康的价值转型之路。经过近三年的调整，我们才扭转业务下行的颓势，重新实现正增长。所以泰康的战略也不都是一帆风顺的，都是在实践的过程中，在成功和失败的经验教训中总结出来的。

为什么说县域保险战略存在问题呢？推动县域保险战略的时候，当时很多管理者不理解，甚至不支持。虽然当时也开了半天会，但我一个人讲了四个小时，而且我觉得我是董事长兼CEO，已经讲得很透彻了，就开始强行推动这个战略。但现在看来，当管理层、分公司一把手没有形成高度共识的时候，去强行推动一个战略，他们即使迫于压力做了，也会消极对待。心里有疙瘩，勉强为之，动作自然高度变形，甚至有的地方还出现了严重弄虚作假的情况。如此操作下来，严格讲这个战略应该是失败了。

　　共识未达成，其实背后的原因更在于县域战略不符合泰康的定位。人寿保险是伴随中产人群崛起而发展起来的，我就是看到了中国中产人群的代表——工薪白领阶层的出现和壮大，在创业之初才坚定不移地选择寿险。所以泰康的定位，一直是服务中产人群，而且自2001年我提出"买车、买房、买保险"现代生活三大件的价值主张后，我们的愿景从开始的"融入21世纪大众生活"到现在的"成为人们幸福生活的一部分"，从来没有离开中产人群及家庭这一主流群体。而县域保险战略要让泰康的业务进入乡镇，和我们一直强调的战略定位不一致，管理层不能理解而又被迫执行，就产生了巨大的偏差。这件事给了我深刻的教训。从此之后，再制定新的战略，统一思想、达成共识就成了我工作的重心。

　　我的一个很重要的经验，就是战略一定要在三个层面达成共识——不仅要在董事会形成高度的共识，在经营管理层形成高度的共识，还要在核心管理人员、基层骨干员工中形成高度的共识。

泰康历史上有两次非常重要的董事会，都和我们进军医养产业相关。一次是2010年在美国开的。2008年我考察了美国及其他很多国家与地区的多个养老社区，最终决定把美国的CCRC模式带到国内。在整体战略推动之前，我觉得要让我们的董事能够理解我们要做的事。于是我们把董事会搬到了美国开，带着董事们从东海岸走到西海岸，实地参观，亲身感受，最终赢得了董事们的高度认同。时任泰康人寿董事、北京大学经济学院院长孙祁祥也在返程路上写下了《让我们快乐、优雅地老去》一文。此次震撼心灵的考察让她感悟到"生命的每一个过程都是美好的：童年的纯真、少年的狂野、中年的潇洒、老年的神闲，这是一个完整生命的构图"。

进军养老产业之后，我们又觉得养老和医疗分不开，所以泰康又有一个重大的战略演进，就是从传统的、一元的寿险养老社区路线进入综合的医养和大健康路线。泰康要进军医疗领域，这件事情非同小可，董事会其实有很大的担忧，担忧公司是不是跨界跨得太大，是不是有能力去把握风险。所以2016年，我们又在香港开了一次董事会，高管们大概做了一天的报告，向董事会详细阐述医养战略。那次会议，我们花了很大功夫，我的信心也是充足的，董事们听到报告也觉得有道理，打消了顾虑。总的来说，所有这些重大决策成就了泰康"活力养老、高端医疗、卓越理财、生命关怀"四位一体的商业模式，也有了泰康今天的大健康产业生态体系。

在董事会层面解决了战略共识问题之后，在经营管理层和基层也要统一思想。泰康的方式是"走出去、请进来""自上而下、自下而上"。"走出去"是去美国、欧洲优秀机构学习考察，

"请进来"是把一些国际上的知名专家、企业家请到泰康分享指导。然后从群众中来，到群众中去，进行广泛发动、全员参与、充分讨论，自上而下、自下而上，反反复复、循环往复，把事情一件一件理清楚，把问题一个一个弄透彻，最终统一认识，形成集体智慧。这样集千钧之力形成的高度战略共识，就会有很强的执行力。这样的巨大投入，看起来很费时间，其实是磨刀不误砍柴工。

战略决定一切，不是一句空话。所有领域都要围绕战略，所有资源都要服从战略。围绕战略、服从战略，就要先学习战略、了解战略、理解战略。我常常讲，所有的高级管理者首先要是战略家，要对公司战略有充分理解，然后才能够把战略在各自板块落实。公司的战略一定要天天讲，月月讲，年年讲，一定要从上到下，从下到上，反反复复，直到所有管理者和员工听得耳朵长茧。把战略说透，上下形成共识，战略才能落地。思想通了，做事才会有方向，才有更多的主观能动性，才能事半功倍。

在形成战略共识的过程中，不能只讲要做什么，还要重点剖析为什么做，让大家不仅知其然，还要知其所以然，逐渐培养管理者和团队独立思考、自主判断及日常工作做出正确价值选择的能力。因此，每次给员工讲话，给管理者及骨干做培训，我都会讲战略，帮助大家加深理解。每年年底的时候，集团人力资源部会负责开展一年一度的集团组织效率调研，深入各子公司、各一线机构，了解这一年内全体泰康人对于战略传导、文化价值观、组织效能、创新发展、协同合作等多维度的理解和建议。让我感到欣喜的是，在我们从2018年起进行的组织调研中，无论是集团还是子公司，尤其是相对较晚加入泰康大家庭的泰康拜博口腔、泰康医疗，对公司战略的认知和信心均已超过 93%，是所有数据中最高的。

从上到下都了解战略、理解战略、认同战略，这是泰康二十多年来坚持推进战略共识形成的最大优势。也正因为战略共识形成的执行力，在保险业发展遭遇瓶颈，行业进入深度调整的时候，我们依托前瞻性的战略布局保持了持续稳定的发展，也实现了市场排名的超越。从无到有，由弱变强，积小胜为大胜，业务上的持续成功是最有力的明证，更加坚定了各级管理者和员工对战略的信心。所以我经常讲，战略共识就是执行力。共识就是方向，共识就是力量，共识就是行动，共识就是未来。

战略执行要有清晰的路径与抓手

战略共识解决了让大家明白公司要做什么，接下来还要让大家知道具体该怎么做。我在前文讲，战略是长远的也是眼前的，是抽象的也是具体的。把战略从长远聚焦到眼前、从抽象变为具体的过程，就是对战略进行拆解，明确战略落地路径，找到关键抓手的过程。

简单而言，就是要将整体战略逐步分解为具体可以执行的任务目标，并明确轻重缓急，落实到组织和团队，同时要匹配好资源。只有这样，才能实现纲举目张。

比如泰康在 2017 年确定了打造大健康产业生态体系的战略，这个战略看起来就很抽象，不好理解，而且也不可能是在短期内可以实现的。怎么来执行呢？首先就要对这个战略进行结构化分解。

任何一个战略都不可能是凭空出现的。泰康是从人寿保险起家的，一开始有保险和投资两大业务；我们从投资端孵化实体养老业务，后来又进入医疗领域，就形成了医养这个第三大业务板块；后来我们又把虚拟的保险支付和实体的医养服务结合，保险、资管、医养三大业务板块相互协同，构建起长寿、健康、财富三个闭环的大健康产业生态体系。因此，我们对大健康战略的分解，自然而然地回归到三大业务板块，对应为做大支付、布局服务、投资与建设生态三大路径。

做大支付主要指保险端。泰康保险集团旗下泰康人寿、泰康养老和泰康在线肩负着做大支付的责任，意味着它们需要尽可能多地发展新客户并服务好现有的客户，着力扩大支付体系的规模。

布局服务则由泰康自建、投资和合作的医养康宁体系提供，包括泰康之家长寿社区康养体系、医疗口腔体系和生命关怀板块，其核心战略是实现医养康宁全国化、重点城市网络化布局。

在这两大路径形成的过程中，无论是支付端，还是服务端，都和我们的资产公司、投资体系产生了紧密的联系。所以打造财富闭环追求绝对收益，打造长期复利曲线以及投资建设大健康生态圈的任务就被交给了泰康资产以及泰康生态投资等板块负责，通过投资与合作构建生态伙伴圈，共建大健康产业体系。

除了业务一线，我们的中后台也需要明确自身在公司整体战略当中的定位和职责。为集中资源提升效率，我们又提出数据科技驱动和打造软实力两个重要的战略实现路径。数据科技驱动的核心是中后台的效率赋能，通过各类新科技、新技术的应用，构建大健康产业互联网，提升效率，降低成本，实现便捷、实惠。

同时，我们通过战略规划、人力资源、市场产品、法律合规、教育培训、公益品牌等体系的建设，来打造泰康的软实力，为大健康产业生态体系赋能。

这就是泰康大健康战略落地的五大路径——做大支付、布局服务、投资与建设生态、数据科技驱动、打造软实力。这五大路径就构成了我们大健康战略落地的核心框架，每个路径有独立的目标，有明确的边界，有可落实的组织和相应的资源。

有了明晰的战略路径，还要分清轻重缓急，找到优先级，才能进一步聚焦。对于任何一家企业来说，战略肯定是聚焦主业、围绕核心业务的。在泰康，寿险就是我们的立身之本，是我们最核心的利润来源，我们一直都致力于深耕寿险产业链，以寿险为核心构建大健康产业生态体系。"悠悠万事，支付为大"，而且做大支付，才能更好地撬动服务端的资源。所以，在这五大路径中，做大支付一定是我们的头号战略，要成为大健康生态体系的头号抓手，肩负此责的三家保险子公司中，寿险子公司是重中之重。

明确了重点任务还没有结束，要让战略最终执行到位，一定要继续分解，直到明确将具体的事落实到具体的组织甚至个人。比如，在集团层面将大健康战略拆解到"做大支付"并明确寿险子公司是主要承担者后，并不能追踪到战略落地的结果，所以还需要在寿险经营层面做继续分解。

在客户、产品、渠道的商业"金三角"中，要做大支付就要获得更多的客户，吸引客户的一定是我们的产品，产品销售就要通过销售渠道和队伍。产品是根本，泰康向来都很重视，从"爱家之约"到"百万医疗"再到现在的"幸福有约"，我们一直是市场的创新引领者。但是再好的产品，也需要有便捷高效

第四章 执行

的渠道销售给客户。寿险公司的销售渠道包括自己的销售队伍以及银行等合作渠道。所以"做大支付"进一步拆解，就是打造自己的绩优队伍和强化合作渠道。

现在泰康明确把"做大做强绩优"作为大健康战略的核心抓手。同时，为了更好地让这一"抓手"落地，我们打造了适应我们战略需要的全新职业健康财富规划师，并通过战略投入首先在集团层面进行项目孵化试点，后来又将健康财富规划师项目组下沉到寿险子公司，使其责权利匹配，更好地推动战略落地。

由于泰康人寿36家分公司的市场情况不一样，发展阶段也不相同，这一新职业不可能一下全面推广，而且以前的传统队伍也不能丢。所以我们将"做大做强绩优"这一战略目标在"保持存量，做大增量"的原则下，进一步拆解为"双绩优"的差异化发展路径。再往下就是具体经营层面怎么建立绩优经营体系了。

这样一层一层分解，从"大健康战略"到"做大支付"，到"做大做强绩优"，再到"双绩优"和绩优经营体系，战略路径层层聚焦，形成了不同层面的战略抓手，各层级的战略路径和战略目标就越来越清晰，越来越具体，也越来越可落地。

进行这样的战略拆解，并实现战略传导，在泰康的实践过程中也有一套体系化的做法。就是持续不断地进行外部洞察和内部审视，看环境，看市场，看客户，看对手，看自己，研判内外部形势；并通过各种调研、战略研讨会、专项委员会等实现战略传导，形成一致意见，制定三年或五年战略发展规划。再在发展规划的基础上，导出年度重点工作，明确年度业务目标、财务目标，制定年度预算，形成年度绩效方案，并进行常态化追踪评估，真正将战略传导到组织和个人。

有了战略共识和战略分解，聚焦到战略抓手，最后具体到战略落地，还要有支撑战略落地的能力和资源，也就是古人说的"兵马未动，粮草先行"。战略决定一切，治理结构是第一要务，再就是资源服从战略，围绕战略走。治理结构已经在前面的章节有所呈现，这里就侧重说一下资源服从战略。

我总说泰康只做战略的事，不是战略的事情不做，就是要将有限的财务资源投入到最重要、最优先的战略目标上，集中力量实现战略目标。所以资源服务战略，资源投向哪里首先是由战略决定的。具体怎么投、投了怎么管理、怎么算清楚账，是经营层面的事，但是投向哪里一定要根据战略重点来。另外，资源要聚焦，把资源都用到战略上，而不是"撒胡椒面"，才会有最高的效率。

比如泰康现在把"做大做强绩优"作为打造大健康生态体系的重中之重，就投了大量的资源到打造高绩优队伍中。甚至有段时间，关于这个战略项目的投入是否纳入考核还在泰康内部形成争议。反对考核的，认为对于新鲜事物应该以鼓励为主，如果有考核的"大棒子"在头上，容易走偏；认同考核的，认为如果没有考核，也容易得过且过，不能有效承担责任。争论的核心关键还是责权利的匹配和资源的使用效率。

后来我们也形成了一套解决方案，首先还是明确责任机构和责任部门。其次，对于重大战略项目，采取少考核或者减免考核、延迟考核的方式，鼓励创新。同时，公司的相关专业部门要建立投入产出分析的机制，及时对战略项目的投入效率进行追踪和评估，在过程中及时纠偏。

资源服从战略，既是投入问题，也是效率问题。聚焦战略，效率才能最高。把资源分散了，就不容易形成核心竞争力。任何产业、任何行业、任何企业，无论传统业务还是新经济，只有通过不断创新、提升效率，形成核心竞争力，才能实现长期持续发展。

战略目标要踮起脚够得着

在战略执行的过程中，明确了具体路径和抓手，还需要把它们转化成可量化、可追踪和可考核的目标，从而推动战略落地。眼前的、具体目标的一步步实现，最终积累为长期战略的成功。

前面我们讲，企业有长期战略，比如使命和愿景，这是一家企业永续奋斗的动力；有中期目标，比如泰康在成立初期提出"不求最大，但求最好"，还有现在的打造大健康产业生态体系，都需要十年甚至更长的时间才能实现。将中长期、抽象的战略，具象化为中短期、具体的战略目标，并评估战略执行的进度，是有方法的。在泰康，我们通过战略规划锁定中长期发展，聚焦三年到五年的发展目标；通过组织绩效锁定当年的发展，其目标设定往往是短期的，但会承接中长期目标。我们也从经营实践中形成了关于目标设定的一些原则，核心是要让目标反映战略的诉求。

目标设定的期限不能太长，中长期目标最多设三年。泰康也做五年战略规划，但我只要求前三年的目标是实的、更细的，可以用于落地考核；在三年规划目标的基础上，展望两年，形成五年发展的合理预期即可。为什么我要求"做实的"战略规划目标只设三年的？中短期战略不同于长期战略。长期战略是一个大方向，目的是形成共识，方向正确就没问题；中短期战略一定要切合实际、能落地，对应的目标一定要清晰。很多东西看三年基本是清楚的，再多看几年，就不能保证了。所以做企业就是做三年、看三年，三年一滚动，三年又三年，三年无限多。

中长期的目标怎么设立？其实只需要形成动态调整机制，滚动制定即可。这样一来，当形势有大的变化时，也能够快速调整。比如2020年我们设定的新三年规划（2020—2022年）目标是实现每年10%的增长；但是那几年整个寿险行业陷入增长困境，头部同业基本都出现大幅度负增长，我们也适时修正了这个目标，保持正增长即可。

同时，目标不能定太高，也不能定太低，最好是踮起脚来够得着。踮着脚做事，成功的概率最高。站着做事，太轻松，得不到成长；踮起脚够不着，跳起来抓不到，是白费功夫；踮着脚且能够抓到，才是有眼光。因为团队是要打胜仗的，目标太高达不成，就会影响团队士气；目标太低，胜利来得过于容易，队伍的战斗力得不到提升，也不利于公司整体发展。踮起脚的目标一次一次达成，既可以不断夯实团队的能力，朝下一个踮着脚的目标努力，也有利于团队建立信心。就像垒土一样，一层一层，每一层尽可能垫高一点，夯实一点，最终你的台子就会比别人的高，比别人的扎实。

同时，目标一定要与考核挂钩，分层设立。关于年度组织绩效，我们通常会制定三个目标。第一个是考核目标，跟年度绩效挂钩。这个目标基本在定三年规划目标的时候有一个基本的框架，在此基础上再根据往年的达成情况和市场情况进行调整，算是短期目标与中长期目标的承接。一定要知道KPI是基础，这个目标和绩效、薪酬、评优、晋升等都是关联的。没有KPI这根指挥棒，员工的当下价值就没有办法体现，短期的奖金、晋升就没有评判依据。考核目标就相当于"起付线"，达到了，就能保证基本的绩效。至于激励组织和个人长期绩效的关键，则是荣誉体系的打造，我们在前文已专门讨论过。

第二个是经营目标，会比考核目标要高。以泰康人寿为例，我们在全国有36家分公司，因为所在市场不一样，机构的基础和经营能力也不一样，各家分公司之间的差异很大。考核目标是基于以往业绩设定的，让所有分公司通过努力可以拿到基本的绩效；经营目标就是让有余力的机构再踮起脚够一下，基本上就是年底评优的标准了。

第三个叫冲刺目标，也是挑战目标。怎么鼓励大家勇于挑战更高的目标？我采取的方法说来也简单，就是不同目标对应不同比例的绩效奖励。目标越高，达成之后拿到的奖金水平就更高。我们用这种方式来鼓励卓越。

设定不同层级的目标，一方面，是想给团队安全感，让他们知道，只要方向正确，方法得当，踏实肯干，不用弄虚作假，不用旁门左道，就能完成最基本的考核目标，能拿到不错的业绩奖金。另一方面，是想给团队提要求，让他们有冲劲，敢于挑战经营目标，乃至更高的冲刺目标。

设定目标不仅要跟自己比，还要跟市场比。跟市场比就是与竞争对手比，只有比市场、比核心对手增长快，才能获得更大的发展。具体怎么比呢？可以有多种方式。一是在制定目标的时候，通过设立与市场对标的调节系数，鼓励跑得比市场快的机构。二是直接将目标设定为市场份额、市场排名的提升。

在整体竞争方面，企业找好竞争对手也同样关键。1996年泰康成立的时候，中国保险业的格局基本是中国人保一家独大。1979年国内恢复保险业务时只有中国人保一家公司，1996年分为中保财、中保寿和中保再三家，就是现在的中国人保集团、中国人寿集团以及中国再保险集团；1986年交通银行设立了保险业务科，后来改组为现在的太平洋保险，新疆生产建设兵团成立了一家农业保险公司，即现在的中华保险；1988年平安保险成立；1992年友邦进入上海；各地成立了一批区域性的寿险公司，比如广州人寿等，中国人保分拆的时候，这些公司基本都并到中国人寿了。1995年我国颁布《保险法》，1996年中国人民银行批准成立了5家保险公司，其中两家寿险公司是泰康和新华，三家财产险公司是华泰、华安、永安。中外合资的中宏人寿也在这一年成立。

所以，算上友邦，那时候中国的寿险公司只有7家，排名前三位的是中国人寿、平安保险和太平洋保险；由于友邦刚开始只在上海一个城市发展，泰康和新华就处于第四、第五的位置。所以我们和新华从一开始竞争就比较激烈。2001年中国加入WTO，保险业面临对外开放，方兴未艾的中国寿险业要打赢家门口的战争，就只有快速提升自己的实力。所以保监会出台了一些支持行业发展的政策，泰康和新华就抓住这个机会，快速进行全国布局。

那时候我们和新华、华泰这几家差不多同时成立、总部在北京的公司经常在一起交流。申报筹备机构的时候，新华报5家，我们就要报6家，我们报6家，新华就要报7家，就这样比着给保监会报送。我们两家用两年的时间，基本完成了全国的机构布局。我一直很感谢有这样的竞争，可以使双方共同进步。

在发展过程中泰康一直跟新华争第四的位置，2006年开启的"双超"战略，核心也是要超新华。在这一过程中双方交替领先，一直到2012年后泰康才彻底巩固优势，于是又寻找新的核心竞争对手。在这期间，泰康"保险+医养"的商业模式开始落地，经过十年的努力，借助新商业模式的成熟，终于在2021年新单价值成为市场第三。

要注意的是，设定目标一定不能讨价还价，成为博弈。在有的企业中，每年KPI的制定都会演变成目标制定部门和目标承担部门之间，或者集团和子公司之间的博弈。在这些企业中，目标的制定成为一个反复拉锯、你来我往的过程，耗费了大量的人力精力。在泰康，我基本不和子公司这样讨价还价，尤其是在考核目标上。一方面，是因为我们的目标设定，除了基础的考核目标，其上还有经营目标、挑战目标，是有更高标准和更高要求的。另一方面，如果今年的考核目标设定相对偏低，明年我们就会在今年实际达成的基础上再提新的增长要求。长远来看，后面年份的目标起点也相应变高了，实际的目标值也并不会低。而且由于当年达成目标，管理者和员工都拿到了好的绩效，就有了更强的信心和更高的士气，这对来年的发展、长远的发展也是有益的。

当然，目标的制定一定要科学严谨，但过于看重目标也容易导致弄虚作假和走偏。只要短期的目标和中长期的发展方向是一致的，路没有走偏，有时候企业家甚至还要学会"放水"，着眼长远，让实践说话，让数据说话。

战略执行要做好过程管理

战略目标确定以后，一把手如何密切追踪战略落地的情况，把控战略执行的节奏呢？

数据会说话，核心指标体系是战略执行最重要的管理工具。每个行业、每个企业都会有核心指标，企业家或者一把手一定要"心里有数"，建立你的核心数据指标体系，同时要明白每个数据背后的逻辑，只有这样，你才能够做到纲举目张，一览众山小。

战略目标的数据化是战略执行反馈的第一步。总体来说，企业的核心指标无非就是收入、利润、现金流以及风险。在不同行业、不同企业，这些指标呈现会有差异，首先要做的就是抓住所在行业、所在公司最核心的指标。比如对于寿险公司，最能体现经营效率的就是新单价值，也就是当下保费收入在未来带来利润的折现。同时，在寿险公司，还有一个偿付能力指标，这与银行的存款准备金类似，既是金融监管的要求，也是保险公司稳健经营的需要。

同时，指标体系的建设也要服从战略，不断创新迭代。对战略进行调整的时候，核心指标也要跟着战略的变化而调整。泰康也不是一开始就采用新单价值这个核心业务指标。在成立之初，泰康最重要的任务是生存和占据市场份额，面向个人销售的代理人是我们的主要销售渠道，所以那时候我们最核心的指标是总规模保费和个险的标准保费。2009年我们开启价值转型，从粗放型规模经营开始转向高价值的长期业务，从考核规模保费转向考核新单价值。同时，因为我们的个险业务相对同业来说要弱一些，我提出"大个险"这个概念，就是把除代理人之外的银行保险、互联网与电话销售以及泰康养老职域销售等渠道都囊括进来，看总的市场排名。这一时期新单价值和大个险保费就是两个主要的核心指标。2012年我们推出幸福有约，从2013年开始，"幸福有约件数""幸福有约新单价值""幸福有约大个险"系列指标陆续登陆核心"总指标"实时报表。2018年我们开启HWP职业队伍建设，"HWP项目人力"又被加入核心追踪指标。

近年来，随着经济转型和寿险业的转轨，泰康基于实践经验出发，提出了在寿险业高质量发展的背景下打造强大的销售能力、成本管控能力和投资能力，既要发展规模，也要效率、质量并举，所以我总体关注四个关键指标。一是新单价值，既代表当下，也代表未来，我们还在新单价值、内含价值的基础上，构建具有泰康特色的核心价值指标，把继续率、费差和死差做一个综合考量。二是新单价值成本率，体现经营效率。三是负债成本，对未来的风险要有提前的判断，从产品定价时就予以考虑。四是投资回报率。投资回报的诉求一方面与负债成本密切相关，坚定以到期收益率为锚；一方面也要做到行业领先，从过去追求相对收益坚定走向追求绝对收益，才能在市场上取得长期优势。

其次，我们要厘清核心指标背后的逻辑，要知道数据从哪里来，是怎么产生的。就拿新单价值来说，简单看就是当期的标准保费乘价值率。而保费又取决于出单人力、保单件数、件均保费。所以新单价值这个核心指标，其背后是包括标准保费、出单人力、保单件数和件均保费在内的逻辑体系。而在这个逻辑体系里面，最具能动性的是出单人力，保单件数、件均保费都与出单人力的销售能力相关。所以经营寿险就是经营队伍，我总说寿险公司是伟大的销售公司，就是出于这个逻辑。明白了核心指标背后的逻辑，你就知道你的资源怎么配置，你也知道什么数字是真的，什么数字是假的，对整体战略的落地就更有把握。

再次，数据一定要标准化、体系化，要让数据找得到、看得懂、信得过。在这方面我们花了很大的精力。早在1999年我就提出打造包括财务投资和信息技术在内的五大基础工程，后来逐步发展成一套行之有效的指标管理体系与数据平台，成为公司经营的重要管理工具。后来，泰康进行集团化改革，我们又开始搭建集团经营分析管理系统（简称TKI）经营决策平台，即全集团层级的规范化、平台化的经营分析体系和操作平台，一方面实现了五家子公司数据在集团层面进行集中、对集团全透明，提升集团获取各子公司经营数据的准确性、一致性与时效性，一方面加强了集团对子公司的集中管理，准确赋能决策，促进跨子公司协同、全集团资源整合。

我有一个雷打不动的习惯，即每天早上起来和晚上睡觉前一定要看数据，到业务节点的时候，更是有空就会看，TKI移动端上线后，"刷数据"就更方便了。长年坚持不懈地关注和分析各项经营数据，从数据中获得洞察，让我对数据变化非常敏感，往往能先于他人发现重大趋势的端倪。

在关注核心指标和数据之外，我还通过会议体系来对战略落地的过程进行即时反馈和管理。

对于任何一个组织来说，一把手的效率就是整个组织的效率。我认为会议是提升一把手工作效率，进行战略管理极为重要的工具和手段。像泰康这样一家大型保险金融集团，在全国拥有几千家分支机构，业务领域覆盖保险、资管、医养三大板块，要确保战略一统到底，让这个体系高效地运转，基础就是一系列的会议制度。整个公司的执行体系，就是通过从管委会，到子公司，再到分支机构负责人多个层次的会议体系构成的，所以我把会议作为泰康日常经营管理中的重要一环。当然，这可能也与泰康所在的金融服务业的行业特性有关，而且寿险主要是对"人"的经营，本来就需要更多地跟团队在一起。

要想把会开好，也不是一件容易的事情。首先，一把手要加深对会议的认识。我总结通过会议至少可以帮助一把手实现三大目标。

一是深化战略共识。通过开会，尤其是层级高、人数多的系统性大会，一把手要不厌其烦地反复宣导公司战略、重点举措，自上而下，自下而上，反反复复，确保统一思想，不断深化、夯实战略共识。同时，会议也是一个很好的进行战略复盘的机会。很多战略在最开始的时候可能就是一个方向，即便形成了共识，也需要根据市场的反馈不断地进行修正。会议中来自一线和实践的信息就是丰富战略最好的养料。

二是推动战略执行。在开会时，一把手可以通过有针对性的提问及追问，深入了解各业务、各板块、各层级的业务推动情况，精准聚焦执行中的重点、难点及卡点，深入挖掘表象背后的根本原因，持续纠偏、调整，确保战略的落地执行。

三是考察培养团队。在讨论事情的过程中，一把手要有意识地观察团队，培养团队，发掘人才；帮助大家不断提升认知水平，提高管理能力，起到"以会代管、以会代训"的作用。比如，我开会时，在具体议题之外，还会主动分享这段时间自己的学习和思考，帮助大家拓展视野，提升格局。让团队逐渐学会以宏观经济学家的视角，敏锐洞察新动向，提前预判大趋势，以"一把手"的视角，思考业务的未来发展、组织的长期建设以及战略的长远布局。

其次，要形成清晰的会议体系。开会不能信马由缰，由着自己的性子来，必须分层级、分类别、自上而下地系统设计整个公司的会议体系。比如泰康的会议体系，按管理层级分为股东会/董事会会议、管理委员会会议、集团会议、子公司会议及分支公司会议，按会议类别分为战略会议、运营会议、专业技术条线会议以及其他会议（如外部联谊会、分享座谈会）等。

我们每年最重要的是两个集团级的战略会议。一个是每年12月下旬召开的计划预算会，旨在总结年度工作、盘点战略落地情况，明确来年的战略目标、工作计划及指标预算；一个是每年7月上旬召开的年中工作会，主要是进行战略研讨，统一战略共识，同时也复盘上半年工作，找亮点、找问题、找解法，布置下半年工作。除此之外，泰康重要的会议还包括各类因需召开的专题研讨会。比如这几年，我们正在积极布局医养康宁业务，面对很多全新领域，就需要深入进行专题研究，持续进行专题讨论。泰康历史上召开过好几次战略会议，都浓墨重彩地被记录在泰康的史册当中。我还记得2017年的半年会上，我正式提出"五个子公司攥成一个拳头"，打造大健康生态产业体系。这次会议，就决定了泰康举全集团之力，沿着大健康战略的方向，一步一步走到现在。

最后，要想把会开好，不能只看会议本身，加强会议管理，

第四章 执行

提升会议效率是最核心的要求。会议是企业不可或缺的管理手段，但也是时间成本极高的巨大投入。开会最大的成本不是费用，而是参会人员的宝贵时间。因此所谓"功夫在诗外"，只有在会前准备和会后督办方面下足功夫，才能确保会议讨论高效聚焦，才能确保会议决议被不折不扣地执行。

针对一年一度的重大战略会议，比如12月下旬的计划预算会和7月上旬的年中工作会，我们的准备工作通常得提前两三周启动。在这两三周的时间里，我会与每个业务板块的核心管理层进行一到两次、每次七八小时的深度研讨，从战略到执行、从队伍到组织、从内部到外部，系统全面地深入梳理，明确战略重点，聚焦核心难点，找到关键突破点。从我自己的经验来看，这样的深度研讨非常必要，也非常高效。不仅能让大家完全沉浸其中，而且能在讨论中碰撞出很多火花，不少创意创新、战略突破，都是在这样的深度研讨中，在不经意间浮现出来的。

第五章

风险

生存和发展是企业的两大根本主题。但归根结底，生存和长期生存才是企业最基础的目标。

记得2004年，泰康人寿在北京郊区的九华山庄召开年中会，公司总部及全国各分支机构的负责人都参会。那天会议结束后，所有人在前面边走边聊，我一个人走在最后。看着这群三十岁出头、意气风发的年轻人，我心里突然感慨万千。这些年轻人跟着我一起打拼事业，我该怎么对他们的未来负责？未来还会有数以万计的员工、庞大的客户群，每个员工和客户背后都是一个家庭，这么重大的责任，我要怎么做才能让泰康这艘大船穿越每一次风浪、渡过每一个难关，长久稳定地航行下去呢？

那时我正好读了几本介绍高盛的书，书里讲到高盛经历过五次生死存亡关头，最终都挺了过来。这给了我很大的启示：企业要发展，必然要面对风险和考验，没有在死亡边缘挣扎过的公司很难成为伟大的公司。

查理·芒格曾经分享过一个观点，被奉为经典："要是知道我会死在哪里就好啦，那我将永远不去那个地方。"但对于企业

第五章　风险

家来说，这个假设是不成立的，因为从迈出创业的第一步开始，就是在冒险。企业家只有深刻地理解风险，具有强烈的风险意识和有力的风险防控手段，才能有效地管理风险，确保企业的生存与发展。

所以风险管理的本质是让企业更健康，让企业抵抗风险的能力更强，让企业更好地实现商业永续。企业要通过风险管理来修正偏差，使战略落地，构建商业模式的护城河，最终加强业务发展。

如何识别风险、防范风险、管理风险，避免企业走进死亡螺旋，实现企业的长久发展和基业长青？这就要求风险管理贯穿于企业战略与商业模式，贯穿于企业的业务发展和文化建设。首先要定位最核心的风险，找到有效管理风险的关键手段；其次要构建全面的风险管理体系；同时要坚守诚信合规底线；最后，也最容易被忽略的，就是管理好企业家自身的风险。

战略选择：坚定走专业化道路

我认为战略本身就是最大的风险管理。正所谓"战略对，路越走越宽；战略错，满盘皆输"。我在前面的章节用很大篇幅介绍了企业应该如何找准战略定位，如何制定战略和推动战略落地。从风险控制的角度，我认为坚定地走专业化道路是企业战略成功的基础。企业只有走专业化道路，才能形成强有力的核心竞争力，才能在日益激烈的市场竞争中长期立于不败之地。

专业化是相对多元化来说的。20世纪90年代我创业的时候，中国的市场经济刚刚起步，处处都是机会。而且我从国家机关出来，有很大的信息优势和资源优势，可选择的门路就更多了。当时我有个同学下海拿了一个执照，什么都能做，而我认为，什么都能做就是什么都不能做。我一上来就做艺术品拍卖，坚持专业化，把嘉德做成了行业第一品牌。

还有，大家熟知的92派创业者其实有南派北派之分。北派的特点是寻找一个空白的行业，创办一个行业的领头企业，带动一个产业的发展。比如我办的中国嘉德国际拍卖有限公司，今天是中国乃至世界拍卖行业的头部企业。还有我的同班同学毛振华办的中诚信集团，带动了中国的信用评级。南派企业家里有相当一部分是以房地产起家，走综合化、多元化的道路，早期基本上是什么赚钱投资什么，企业的战略选择有点机会主义的色彩。当时一大批去海南岛淘金的人就属于这一类。因为没有明确的主业和规范的企业制度，很多企业都没有成功。

当然，也不是说所有的企业、所有的行业都不能走多元化道路，这取决于行业的特性和企业的具体形态。比如，财务控制型的企业更适合多元化的道路，就像"猎人"那样追逐许多目标，从投资收益、市场环境出发来选择进入的领域。战略主导型企业更适合专业化的道路，就像"农夫"那样坚定根据核心定位去构建完备的体系，在企业选定的领域内，恪守边界，深耕主业。

企业家在制定战略时最应当警惕的，就是不顾自身情况和环境变化而盲目多元化。尤其对于创业初成、刚完成原始积累的企业家来讲，在专注主业的基础上，通过专业化和持续创新建立核心竞争力，才是走向成功的必经之路。众多过度快速扩张导致的债务危机，都是盲目多元化策略所带来的结果。像几年前的乐视、而今的恒大，都进入了与主营业务不相关、自己不熟悉的行业。金融行业也有个著名的案例，1998年花旗银行兼并旅行者保险集团后共同组建花旗集团，既做银行又做保险，2005年以花旗集团出售旅行者的寿险、年金以及国际保险业务黯然收场。

  我偏好专业化道路主要有三个原因。首先，专业是竞争分工的结果，代表着效率，效率代表竞争力。一家企业的主业都不强，就不会有持续发展的可能。做强主业，围绕主业对产业链进行纵深整合，就有可能产生 1+1>2 的协同效应。即便只是把简单的事情做到极致，在一个细分、细分再细分的领域里做得深而透，在市场上也会有竞争力，在资本市场也会有价值。"笨办法"往往也是最聪明的办法，比如我创办的嘉德和泰康、王传福的比亚迪新能源汽车、曹德旺的福耀玻璃，都是在主业所在领域坚定一个方向，咬定青山不放松，最终闯出了一片新天地。从资本的理性选择来看，相较于拥有核心竞争力的专业化企业，资本市场对多元化企业的估值也普遍比较低。

  其次，企业家的精力和企业的资源都是有限的。专业化战略允许企业家将精力和资源集中在最有潜力和最能带来价值的领域，而不是分散精力到多个不同的市场或产品上。这种集中的方法有助于确保决策的质量和效率，使企业能够更快速、更有效地响应市场变化，最大化企业家精神的价值，从而实现资本的最高效率。

  资源是服从战略的。从本质来看，这是选对方向并坚定去做，从结果来看，这是企业的持续盈利和护城河的持续加固，而不是将资源配置分散和"撒胡椒面"，导致无法建立企业的核心竞争力。我曾经对团队提出要求，泰康的每家子公司都要做自己领域的头部企业，都要服务于集团的总体战略。只有五个指头攥成一个拳头，才能将商业模式的协同价值发挥到最大。

最后，也更重要的是，专业化会带来创新。苹果公司创始人乔布斯通过对产品技术的极致追求和专业打磨，带来了一项又一项改变世界的创新产品，引领了移动互联网时代。通用电气曾经被看作美国工业的代表，在家电、保险、医疗、软件、油田等领域均有资本投资，但一直以来通用电气只有横向的多元化布局，忽视了纵向的专业深耕，因而错过了工业自动化、互联网、电子商务等领域的重大科技转型潮流。如今，作为美国百年传奇的多元化巨头通用电气已经彻底拆分，成为三家独立经营的公司，分别聚焦航空、医疗和能源业务，这是近年来持续在困境中经营的通用电气的最大动作，也意味着这家美国近百年来的符号性公司，最终将成为一家聚焦航空业务的专业化公司，以应对高负债困境。

从一定程度来讲，企业不创新就是最大的风险。回到我所在的寿险行业也是如此，中国寿险业复业以后形成了两种发展模式：第一种是走"金融宽带"的模式，第二种是走专业化深耕寿险产业链的道路。前者就是指金融的全牌照经营，银行、证券、保险，什么都做。平安走得早，所以快速占领市场，建立了规模优势，后来很多新成立的保险公司学它。从目前各家的表现来看，这种形式对保险主业的拉动作用并不强，协同效应也未能很好地显现。泰康一直走的是第二条路，围绕人生老病死的需求，把保险和实体医养服务相结合，走出了一条创新之路。就像前文所介绍的，我们从泰康之家、幸福有约、健康财富规划师，

第五章　风险

到体验式营销模式，形成了一个成熟、完善的逻辑体系，彻底重构了传统寿险的"客户、产品、渠道"商业模式的底层结构，改变了传统寿险的经营与竞争维度，开辟了寿险新赛道。

我常说，做企业要目标纯正、心无旁骛，但这些都建立在选对赛道、定好方向的基础上。企业在发展过程中要专注主业、专注专业，做符合市场规律和长期趋势的"正确的事"，尽可能规避战略风险。

认识风险：控制杠杆，保持现金流

当然，企业都是在具体的市场环境中竞争，有时候企业的战略没有问题，但当宏观环境发生了变化，也会面临巨大的挑战。

比如我们最熟悉的西方所发生的经济和金融危机。从20世纪初至今，西方经历了20世纪30年代的大萧条、1972年的石油危机和2008年的金融危机，每一次都对世界经济带来沉重打击，导致金融市场崩盘、企业大量破产、失业率暴涨，并对世界经济与政治格局产生深远影响。中国经济在高速发展中走过了四十多年，尽管我们没有像西方一样经历多个经济周期，对经济危机的应对经验不是很丰富，但这几年发生的中美贸易摩擦、新冠肺炎疫情、俄乌冲突，以及国内互联网领域反垄断、整治房地产市场和教培行业等一连串宏观环境的变化，让很多企业陷入困境甚至倒闭，很多中国企业家对这类风险有了深切的感受。

泰康因为核心业务在金融领域，对宏观风险就更加敏感。在我看来，经济危机是对长期经济结构失衡的一种调整，是供需的问题；而金融危机通常是资产负债不匹配导致的，是杠杆的问题。我们都知道企业有资产负债表，其实个人、家庭和国家也有。任何一个国家和社会的资产负债表都由四个子表构成，第一个是政府的，第二个是企业的，第三个是居民的，还有一个最为特殊，是金融机构的。政府发债、企业融资、家庭贷款，只要负债，就是用杠杆。而金融机构就是经营杠杆的，政府、企业、居民只要使用杠杆，基本都要通过金融机构。所以金融机构的杠杆最大，也最为敏感，监管最为严格。前面三个资产负债表任何一个的杠杆出现问题，都会带来连锁反应，并且最终一定会反映到金融机构的资产负债表上。2008年的次贷危机，就是美国的家庭信用破产，导致房地产贷款违约、金融机构次级贷产品爆雷，引发全球的金融危机和经济衰退。当然，在这个过程中，金融机构本身的问题也很大。最后政府救市，家庭的负债转移到政府的资产负债表上，经济社会秩序恢复。但在这个矫正和调整的过程中，肯定要死掉一批企业。同时，除了杠杆本身对资产负债表的直接影响，不同主体的现金流如果出现问题，其风险最终也会传导或演变成债务风险。

对于这些宏观问题，任何企业都没有能力去施加影响，只能未雨绸缪，准备好应对。当发生金融危机或者经济危机，所有人都会遭殃，股票债权价格下跌，资产严重缩水。世界一片恐慌的时候，你能够说"我很好"的情况是不存在的，只会是"我相对比你好，你比我更差"。所以我说，每次大危机的来临，就像老虎来了，总是要吃几个人的。吃的是什么人呢？跑得最慢的人。跑得慢的人肯定是体质差的，就像每次危机发生时倒闭的肯定是管理不善的企业，是高杠杆、高负债的企业，是高风险的企业。

第五章 风险

因此，企业家心里一定要永远绷紧一根弦，控制好杠杆。逐利是资本的天性，扩张是企业的本能。通过快速扩张做大规模是企业发展的常规路径，有的企业甚至看到什么赚钱就想投资什么。在宏观环境好的时候，企业通过加杠杆实现快速扩张不会有什么问题，但是如果杠杆率过高，就伴随极大的风险。过去几年的资本乱象让有些创业者迷失了方向，似乎只要有投资人加持，单靠烧钱，不顾效率，就能烧出伟大的企业。甚至有些头部企业，也在加杠杆的豪赌中，盲目自信地认为只要规模足够大，就能"大而不倒"，即便出现资金链断裂的危险，政府也不会坐视不管，必然会出手托底。随着市场回归理性，监管日益规范，如何平衡增长与效率，必将成为所有求生存、谋发展企业的共同课题。一个个血淋淋的实例为我们敲响了警钟：死得最快的常常不是稳步发展"跑得慢"的企业，而是过度扩张、过快扩张的企业。

如何控制杠杆呢？一般企业是控制负债率，金融企业则根据监管要求，银行以存款准备金率为基准，保险公司是保持偿付能力充足率。偿付能力充足率反映保险公司偿还债务的能力，保险公司每承保一张保单，相应地就会承担起一笔赔偿风险或负债，这就要求保险公司准备相应的资本来支撑这个风险赔偿或者未来的给付。《保险法》对保险公司的偿付能力水平有明确的要求，如综合偿付能力充足率不低于100%等。偿付能力不达标的话，保险公司就会被要求补充资本、暂停新业务等。当然，保险公司偿付能力也不是越高越好。偿付能力过高一般有两种可能：一是业务规模不够大，通常是新成立的公司；二是资本冗余，无法对资本进行有效的利用，降低了股东回报。

资本就是对企业的刚性约束。增长与效率的平衡是企业的根本，唯有提高效率，提高资本回报，做资本节约型公司，才能在宏观环境变化的时候有腾挪的余地和应对的能力，确保公司长期稳健发展。对于寿险企业来说，如果没有效率支撑，保费规模越大，保险准备金负债增长速度就越快，对资本的投入需求就越大；如果资本投入跟不上，就会导致偿付能力变差，直至陷入万劫不复的境地。

泰康自成立以来高度重视偿付能力管理，长期要求自身综合偿付能力保持在150%以上，是保险业极少的没有让股东不断注资、没有稀释股东权益的公司，更是国内大型寿险公司中唯一一家没有出现过偿付能力不足的企业。

回头来看，泰康通过积极的战略规划和创新实践，提升了自己的业务水平和盈利能力。一是抓住机遇，补充资本实现快速发展。2000年，泰康通过引入外资股东和优化治理结构，为快速扩张做好了充足的资本准备。同时，公司快速完成全国机构战略布局，加上银行保险的井喷，迅速抢占市场份额，做大业务规模，又遇上股权分置改革带来的资本市场牛市，实现了利润的快速增长，依靠自己消除了资本不足的压力。二是创新融资方式以补充资本。2003年9月，面对偿付能力下降的挑战，泰康人寿积极探索发行次级债券作为资本补充渠道，这一创新实践后来被监管机构力推为行业的普遍解决方案，为公司乃至整个行业的发展做出了积极探索。三是通过价值转型增强盈利能力。从2009年开始，泰康进行以长期期缴产品为核心的价值转型，优化业务结构，提高盈利能力。随着2016年"偿二代"的推出，泰康的价值转型成果得到进一步放大，盈利能力进一步提升。不仅实现了利润和净资产的大幅增长，还在新的监管框架下，实现了偿付能力的提升。

同时，利率环境也是金融企业最为重要的宏观市场指标之一。利率是金融市场中的"物价"，短期波动较大，且利率下行是一个长期趋势。利率是由政策和市场决定的，企业没有办法改变，保险公司的产品策略、投资收益水平都受到这一宏观环境的影响。就像前面提到的，保险公司在负债端通过销售保险产品获得保费收入，这些同时也构成了对客户的负债；在资产端，保险公司又将收到的保费进行资产配置，实现保值增值，以履行未来赔付和到期给付的责任。资产投资收益和负债成本之间的收益构成利差，也就是保险公司利润的最重要来源之一。这几年资产端的市场收益率持续下滑，大约下降了100BP（基点）。像泰康这么大的体量，1%的降幅意味着损失上百亿元的投资收益。这意味着保险公司负债端的产品设计必须跟着调整：如果保险产品的未来投资收益低于给客户承诺的保证利益，就会产生投资收益缺口，严重情况下可能演变成利差损问题，带来公司亏损。例如20世纪90年代初寿险业几家头部企业推出了一批承诺终身给付8%复利收益的产品，给它们带来了巨大的亏损。

我通常会使用到期收益率来统筹考虑利率的问题，基于到期收益率来调整公司的产品设计、分红政策，开展资产负债匹配工作，并将之作为考核投资收益的基准。我认为，抓好到期收益率也就抓住了寿险公司经营的金钥匙。一般情况下，到期收益率越高，产品定价、产品政策的空间就越大，产品就越有竞争力，能获得更多的新保费。获得新保费越多，累积的可投资产就越大，投资收益就越多，自然利润就越多，偿付能力充足率也会越高，能支撑更多的新业务。

但是利率下行带来的宏观风险可以说是悬在保险公司头顶的一把剑。长期的利率下行会降低保险公司固定投资收益的回报，导致保险公司的投资收益减少，由于公司需要满足保单持有者的固定回报承诺，这样就压缩了保险公司的盈利空间，加大了偿付能力方面的压力。20世纪80年代至90年代的美国寿险业危机和20世纪90年代的日本寿险公司倒闭潮也凸显了偿付能力管理和利率环境在保险公司风险管理中的重要性。当下国内利率继续下行，寿险公司最重要的就是做好负债成本管控，同时加强资产负债管理，减少利差损风险，避免日本保险业的危机在国内重演。

当然，在企业经营中，基于现金流的风险管理是更为基础的。寿险公司在金融业严监管的情况下，满足监管要求后基本不会出现现金流的问题，但是我们做泰康拜博口腔的业务规划时，就将现金流的限制作为重要的考虑因素。也就是平衡现金的流动性与收益性，既要保证企业正常生产经营活动的需要，又要为可能发生的意外做好准备。

新东方储备大量现金为应对企业可能倒闭的风险是一个值得思考的案例。2003年发生非典疫情的时候，线下没办法上课，学生家长纷纷要求退款，新东方账上的钱全部退光了还不够。有人向俞敏洪建议说剩下的先不退了，让学生等疫情结束后再来上课。但俞敏洪觉得如果不能全部退款，新东方的信誉就破产了，不如老老实实把该退的款退掉，老老实实把辞退员工的N+1薪酬付出去。只要新东方的信誉在，未来新东方有了新的业务、新的发展机会，员工们肯定还愿意回来，客户也愿意继续找他们服务。

俞敏洪找朋友借了 2000 万元把所有学生的钱都退掉了。从此俞敏洪定了一个规矩，新东方账上必须有足够的钱能随时给学生退钱、给员工发工资。后来这笔钱积累到 200 多亿元，公司内部也有争议，但是他说除非他不做公司的董事长和法人，否则这个规矩不能破。也正因为俞敏洪的坚持，新东方在 2021 年教培行业面临风暴时才有足够的现金给学生退款、安置员工，并通过东方甄选实现东山再起。

总的来说，控制杠杆和保持现金流是相辅相成的，二者共同构成了企业风险管理的核心。有效的风险管理要求企业同时管理好杠杆和现金流。杠杆的合理使用可以增强企业的资本使用效率和投资能力，而充足的现金流则提供了必要的流动性和财务安全垫，使企业能够在不利环境下稳健运营。

管理风险：构建全面风险管理体系

前文讲的走专业化道路、控制杠杆和管理现金流，都是关系企业生死存亡的核心风险管理措施，是企业家必须时时刻刻都绷紧的弦。除此之外，企业在日常经营中还会面对法律与合规风险、舆论风险、技术风险、市场风险、运营风险等多种内外部风险，每一类风险也都可能影响企业的正常发展。但企业要发展，就必然面对风险。所以平衡好风险与发展的关系，建立全面风险管理体系就尤为重要。

保险的本质是管理风险。泰康在成立之初就明确要建立完善的风险管理体系。1998 年，泰康率先采用国际惯例进行信用评级。2000年，以海外募股为契机，泰康建立起了由股东大会、董事会、监事会和管理委员会构成的国际化的公司治理结构。2001年，泰康在业内率先引入旨在深化风险控制体系的独立董事制度并获得AAA-的高信用评级。2004年，泰康成为国内首家全系统全面通过ISO9001：2000认证的金融企业。

但其实到这个时候，我对风险的认识还没有那么深刻，直到2004年泰康董事会在瑞士举行。那时候我们正学习西方的公司治理，就借用我们股东瑞士信贷的董事会会议室，感受他们董事会的那种氛围。会议结束后，他们宴请我们。按照他们的惯例，宴会开始前有一个专门的分享。我还记得分享的人是瑞士信贷的副董事长兼风险管理委员会主席、《全能银行：未来的银行类型》的作者汉斯·德瑞克博士，后来他成为瑞士信贷的董事长。他与我们分享的主题就是风险，一共13条，甚至包括老龄化、气候变暖、健康状况等，以及要有一整套的组织体系和专业技术作为保障。这件事给我留下了深刻印象，回来后就在泰康建立风险管理部，充分借鉴国际经验，推动公司建立全面风险管理体系。

2005年，泰康根据国际化的管理理念，成为国内首家设立风险管理部的保险企业，同年在业内率先引入经济资本模型进行风险量化评估。2007年，泰康率先在国内保险公司中建立随机资产负债管理模型。到2009年，泰康成为国内保险业第一家建立了以全面风险管理理念为基础的风险管理体系的公司，并引领行业风险管理水平的提升。2015年，保险业进入"偿二代"监管时代后，泰康各项风险评估指标均在行业前列。

泰康全面风险管理体系由"三道防线"构成，这是从国际上引入的一个概念，目前已经在国内得到了普遍的应用，也是监管部门要求金融企业建立的风险管理框架。

第一道防线是指集团各职能部门、子公司，它们要开展所辖领域风险的监控、评估、应对等工作。在泰康，每个部门的负责人都是各自领域风险的第一责任人，我严格要求公司发生的违规问题和风险损失都要追究直接责任和管理责任，并持续性地推动全员尤其是关键岗位人员建立风险意识、合规意识。

第二道防线是风险管理委员会和风险管理职能部门。风险管理委员会是按照董事会的授权来行使风险管理最高决策权的，泰康的风险管理委员会对公司发展面临的核心风险进行集中讨论、决策的重要组织，特别是近几年对到期收益率、负债成本、利差损、产品赔付、业务品质等问题的讨论，对我自己的认知提升和公司管理层的有效决策提供了重要帮助。风险管理职能部门中，风险管理部负责开展公司层面的具体风险管理工作，此外，合规和内控部门也是第二道防线的一部分。第二道防线对外需要应对监管大环境的变化，对内需要适应新的公司战略，开展更加精细、专业化的管控工作，为公司战略保驾护航。

第三道防线是董事会下设的审计、风险管理与消费者权益保护委员会加上稽核中心，负责对风险管理流程和效果进行验证和审计。泰康的稽核中心设在集团总部，直接向董事会以及董事长汇报，公司赋予他们很大的权力，同时要求他们保持绝对的客观和独立。他们可以调阅所有业务部门的经营资料，也能对包括我在内的所有高管和管理层进行审计。通过这样一个体系，我们推动全员参与到风险管理工作中，及时识别风险、防范风险、管理风险，并在每一次风险应对中吸取教训，实现基业长青。

泰康是经营寿险业务起家的保险集团，现在又经营医养业务，有别于金融企业面临的风险，更加关注质量安全风险和服务的口碑。公司通过这几年的摸索，在传统保险业全面风险管理体系的基础上，逐步建立起医养业务独有的风险管理体系和管理机制。同时，我还要求风险管理部等集团主要职能部门都要建立专业的医养业务团队，这样才能从集团的角度真正做到全面有效的风险管理。

有效的风险管理体系非常重要，但风险管控从根本来讲是一把手工程。我在前面讲我作为董事长兼CEO主要关注四件事：战略、团队、风险、价值观。除我自己将重点风险防控作为日常经营管理工作的重要部分以外，各业务及职能条线根据分工也要落实管理各类风险的责任。

目前泰康在集团和子公司内部均已落实风险责任人机制，确保风险无死角、责任到人。由于泰康的业务版图涉及支付端、投资端和服务端三大领域，彼此之间的经营逻辑差异很大，所以每个子公司的CEO和风险合规部门都要管好自己的一亩三分地，最重要的就是持续性的过程管理。

对于支付端来讲，我们的经营风险在业务方面表现为销售误导和代理手续费问题，在财务方面表现为非法挪用和侵占费用；对于投资端来讲，风险主要表现为收益波动、投资踩雷、内幕交易、信息披露等问题；对于服务端来讲，风险主要表现为安全质量事故、工程和供应链舞弊等问题。当然，不同行业、不同企业面对的经营风险都有所不同，但一定要认识到，随着社会经济步入后工业化和高质量发展的时代，企业对经营性风险的控制将越来越成为影响企业综合竞争能力的因素。

第五章 风险

基于"三道防线"的全面风险管理体系，是泰康在日常经营管理过程中对风险识别、监控、评估、应对和报告全流程管理的基础。我对风险管理部的定位是"风险雷达站"，要求风险管理部门必须保持敏感、敏锐，理解战略、熟悉业务，通过数据化的风控，持续提升"风险雷达站"的预警能力，重大风险事件可以直接上报给我。我相信企业通过构建全面有效的风险管理体系，落实风险责任到人的机制，将可以很好地发挥"风险雷达站"的预警作用，即使遇到最坏的情况，也能够提前做好准备，安然度过危机。

坚守底线：合规是商业永续的基础

在建立全面风险管理体系的基础上，企业要做好风险管理，还要建立底线思维，这条底线就是诚信合规、风清气正。这也意味着企业要把风险管理纳入企业文化建设。

前文也提到，我自己曾经认真学习过西方金融企业，它们的合规体系都非常完善。例如高盛内部权力最大的就是合规部门，任何业务，合规部门说不能做，就直接一票否决。但就算有这样的合规要求与成熟风险防控体系，它也险些在2008年的金融危机中翻船。

2018年的中兴事件也给中国的企业家带来了相当大的冲击。导火索是中兴就违规行为与美国商务部通过缴纳罚款达成和解之后，没有及时履行对美国商务部的全部承诺，在中兴进行内部调查期间，美国商务部工业与安全局激活了之前暂缓的七年出口禁令，禁止美国公司向中兴销售零部件、软件、技术等。在中兴进行一系列措施自救，甚至国家出面帮忙谈判之后，最终达成了和解。和解的代价包括10亿美元的罚款和4亿美元的保证金，30天内更换董事会和管理层，同时让美国指定的人员加入中兴的合规团队。针对此事，很多评论的焦点都是我国包括中兴没有掌握核心技术而受制于人。后来我们的法律合规相关人员去中兴学习，带回来一句话：合规是商业永续的基础。

这句话让我印象深刻，也提升了我对合规和风险的认识。在企业长久的经营过程中，可能战略、资本、现金流和业务都很好，但一次不合规的事件就可能让公司中断生命。所以一直保持合规的企业看起来会走得慢一点，没有快速获得好的收益，好像付出了代价，但是企业还能存续。企业只有活下来，才有可能长青。

我在创业之初就提出诚信是商业文明之母，并把它写入公司司训，作为合规经营的基础。因为商业诚信的基础就是契约制度，西方宣扬的契约精神本质上就是一种诚信精神。最大诚信原则更是寿险行业的基本原则之一。泰康成立二十周年的时候，启动了"诚信合规一号工程"，现在更是把合规上升到商业永续的基石这个层面。为了做好合规教育，我们每周的公司晨会都有合规专栏，每年都安排数次全员合规考试，所有新人入职都会由首席合规官讲合规第一课。

但即便泰康这么重视合规问题，做了这么多的动作，在实际中仍然会犯错误。比如我们生命关怀的新业务板块，有几个收购的项目里面有宗教场所，虽然这些资产我们在接手的时候就做了风险隔离，比如捐给了地方政府，也不是我们在运营，但是毕竟在我们的项目里面，我们的敏感性不够，边界没有彻底分清楚，就发生了重大风险事件。

事后我进行反思，要求法律合规部门对所有的业务进行专业扫描，进行法律合规的判断评估，梳理合法性、警示性，首先让整个体系合规。同时，公司进一步完善合规管理平台，推进诚信合规的系统化、数据化和智能化进程。一是通过构建合规风险地图，引入 EAST 系统数据报送平台、合规洞察等功能模块，实现子公司合规报送及周报、月报的智能化，显著提高了合规管理的效率和精准度；二是通过扩展合规风险"驾驶舱"和"仪表盘"功能，以及数据的整合和可视化处理，进一步细化数据颗粒度，增强了决策支持系统的能力；三是通过改善案件系统对接流程和管理节点，提升了案件报送的质量和时效。此外，我们通过建设合规风险地图、干部画像和外部风险分析功能，加强合规风险分析与防控能力，确保公司管理的高效运行和法律合规的稳健性。

而随着公司的发展，业务涉及的范围越来越广，管理的边界也不断扩大，贪污腐败的问题也慢慢浮现出来。华为、阿里巴巴、腾讯、京东这些头部企业在反腐方面也是雷厉风行、不遗余力。

我认为贪污腐败行为是侵蚀企业文化、降低企业竞争能力的罪魁祸首，会动摇企业的根基。现在我们在公司全面推进"风清气正"的文化，对一切贪污腐败行为零容忍。这些年，泰康通过稽核检查和内外部举报等方式，查处了一批大案，辞退甚至交由司法部门处理了一批贪腐人员，多措并举，坚决持续推进反舞弊工作，打造"不敢腐、不能腐、不想腐"的企业文化。

"千里之堤，溃于蚁穴。"企业家对于这些大是大非问题一定要坚持原则和底线，才能实现企业的长久发展。

企业家要自律：保持理性、尊重规律

最后，在某种程度上，企业最大的风险是企业家自己。前文讲了对各种风险的认知和怎么来防范风险，但是在现实中，有再好的风险管理制度、流程和体系，也很难管住企业的创始人或者CEO。所以在某种程度上，企业最大的风险是企业家自己。所以企业家一定要自律，做好自我管理和自我约束。

而且只有自律，他律才会产生作用。为什么这么说呢？自我管理和约束一定是基于自己价值观驱动的主动与理性选择。在前文我讲了，我下海的初心和价值观底色就是家国情怀，只要这个本色保持不变，我就不可能乱来。而且我从事金融保险业，现在泰康有这么大的体量，承载这么多客户、员工与社会的期待，没有敬畏心，不守好底线，靠他律要做好是很难的。

这方面保险业有很多教训。比如1996年跟泰康同时成立的某公司，一度与我们互为对手，你追我赶、齐头并进。但是到2006年，其创始人在担任董事长的八年间，挪用公司资金，后被判处有期徒刑六年。同时，涉及这些问题的股东手中的股权也于2007年由保监会指定保险保障基金以市场价收购，解决资金挪用问题。公司也从一家股份制企业变成一家国有控股企业。还有大家知道的安邦保险，也是因为董事长的犯罪行为，被原保监会接管处置后最终被解散，业务由新成立的大家保险接管。特别是安邦案件之后，市场上有很多讨论。作为保险企业，它们都面临同样的监管，而且我相信在这些公司内部也有严格的风控合规制度与体系，但还是出现了这样的重大风险，从某种程度上说，如果国家不出手，这些企业就可能倒闭了。所以企业家

第五章 风险

不自律，对自己没有约束，将对企业带来不可估量的影响。

我一直要求自己，绝对不能因为自身的原因让泰康出现大的风险。我也讲我是泰康的最后一面墙，在这个公司里，谁倒了我也不能倒。但是自己不自律，这面墙就可能立不稳、靠不住。

第一，企业家要保持理性，尊重规律。企业家建立在理性基础上的自律是风险管理的关键。21世纪初，泰康人寿依靠银保渠道的快速发展实现了规模的急速增长和资本的快速积累，为公司的发展做出了重大贡献。但我清楚地认识到银保这种依靠短期产品快速扩大规模的模式不符合寿险经营的规律，是不可持续的，而且可能带来长期的风险。所以泰康坚定进行以价值为核心的战略转型，从规模扩张转向追求质量和效益，减少对短期银保业务的依赖，转向更稳定且盈利更高的长期保险产品。这一决策不仅应对了市场的变化，而且加强了对公司长期偿付能力的管理。在这个过程中，泰康的竞争力得到增强，对市场和政策变动的韧性也随之提高。

保持理性、尊重规律本质上还是知行合一，恪守常识，实事求是。企业要成功，说难很难，说简单也简单。难在将复杂的事情简单化，难在简单的事情坚持做。就像在第一章里我分享的客户、产品、渠道商业"金三角"的底层逻辑，以及连锁、杠杆、复利、创新这企业发展的四大原理。没有什么大道理，都是谁都能明白的常识，但是很少有人能做到知行合一。

第二，不能把企业搞成一言堂。由创始人主导的企业，不管是传统的家族企业还是新兴的科技企业，不管是通过股权控制还是投票权控制，创始人通常都有很大的影响力，会处在一个相对强势的位置。创始人越是处在强势的位置，就越要对自己的行为有很强的约束。

他律要通过自律才能发挥作用。对于一家好的企业，股东价值最大化是最大的公约数。要做到股东价值最大化，股东会、董事会和经营管理层三位一体的治理结构就要遵循透明原则、阳光原则，在这个基础上进行充分决策。创始人一定要保持冷静的头脑、谦虚的态度，要让中小股东、董事会成员和经营管理层能够表达他们的意志。

现在很多企业都聘请了独立董事。你既然选择他们，就要信任他们，肯定他们的专业度，坚定地维护他们的权利。泰康的独立董事有时候也投反对票，无论如何我不会去干预，但在重大战略决策上我还是会尽可能说服大家，这个说服的过程就是交流的过程和思考的过程。这种不同的看法会让你的思维和思路更加完善。

泰康走到今天，我一直遵守三条原则，以保持在股东中的信誉。第一条是不偷公司的钱。不是不偷国有企业的，而是所有股东的都不能偷，绝不用公司的钱做自己的事，这是最重要的。像公益捐赠，用公司的钱就一定冠公司的名，以自己的名义捐，钱就从工资、奖金和分红里扣。第二条就是信守承诺，不能东一下西一下损害股东的利益。第三条是绝对不动用大股东和控制董事会的权力，强行通过任何决定。

第三，在经营管理上，企业家要以身作则、公平公正。泰康首席财务官这个核心岗位，以前一直都是从外部聘请专业人士，最开始是加拿大籍华人尹奇敏，后来是在中国台湾出生、在美国求学工作的周国端，到现在才由公司培养从学生兵成长起来的刘渠接任。我用专业的财务人员和制度来规范我和公司的行为。

第五章 风险

此外，泰康从成立的第一天起，就不允许拉帮结派，不允许请客送礼，不允许贪污腐败。企业家是理性的，企业的用人制度做不到公平公正，长此下去，员工一定会离心离德。很多企业不大，但是内部山头林立，做事要看人脸色，企业的效率和公平都没有办法保证。

第四，在日常工作中，企业家要亲力亲为，不能做甩手掌柜。企业家一定要懂业务，深入一线、贴近一线。亲力亲为不是说要上手去做具体的事，而是说很多事情你要亲自去抓，要去一线调研，了解真实的市场和需求。比如，泰康的健康财富规划师队伍是我们新商业模式的关键，我出差到每个分公司，都要去见他们，与他们交流。还有每年泰康的"世纪圣典"，我都会亲自陪同四位年度销冠旅游，激励全公司尊重和重视销售团队，落地公司做大做强绩优的核心战略，同时也听取他们对公司的意见和反馈。

一定要明白，光在办公室听汇报是掌握不了实际情况的。你不走进一线，不掌握实际情况，对事情的认识就不会深入，有可能做出错误的决策。魔鬼就在细节中，掌握不了细节就不能抓住关键。而且创新一定是从实践中来的，企业家远离业务、远离一线、远离市场，就是远离创新。

泰康的人也都知道，只要不出差，我都按时上班，跟员工一样穿工服、佩戴司徽和工牌。晚上不管有没有应酬，回家后我都会把第二天会议的报告看完再睡觉，这样开会的时候我就可以思考和考察管理者。每年春节，我都坚守到最后一天，走遍公司的各个角落看望员工；节后的第一天，我永远站在门口迎接所有员工的到来。公司大大小小的活动，只要时间能安排开，我都坚持到现场。去分支机构调研，我一定会去看望员工和代理人，与管理者交流。企业家就是要用行动传递一种工作态度和价值观，用行动带头践行内外部的伦理约束、制度规范。

改革开放四十多年来，中国的民营企业从无到有、从小到大、由弱变强。一批创新企业、头部企业、平台企业已经走向中国经济舞台的中央，且正在走向世界经济舞台的中央。中国企业和企业家要实现自己的理想与价值，要获得社会认同和尊重，要永续经营，就一定要尊重专业、尊重市场、尊重常识、尊重规则，做好风险管理，成为社会的正能量和时代的榜样。

第六章

创新

2024年3月，在中国发展高层论坛上，有个记者朋友采访我，问企业如何避免同质化竞争。这个问题其实可以换一个思路看，就是企业如何在激烈的竞争中保持竞争力。

我的答案是战略坚定、创新永续。企业竞争本质上是战略的竞争，这也是我在这整本书中想跟大家沟通的主题。而只有创新才能让企业在市场竞争中持续建立战略优势，只有创新才能让企业所有的积累持续创造价值，也只有创新才能让企业持续产生复利效应，最终穿越周期，实现基业长青。

所以战略和创新是一体两面。在泰康从单一寿险公司到综合保险金融服务集团，再到打造大健康产业生态体系战略不断演进的过程中，创新贯穿始终。创新促进了泰康战略的演进和丰富，泰康战略的推进也成为持续创新的基础。

在前面的每一章里我基本都谈到了创新。本章，我想再跟大家系统深入地谈谈我对商业创新的认识，并结合我创办企业的实践与体会，分享推进创新的方法论，以及泰康如何通过创新来构建我们的核心竞争力。

商业创新的本质是便捷和实惠

2022年元旦前后,一位老朋友发给我一组文章,是报告文学作家龚玉老师的亲身经历。文章的名字是《当你老了——我陪老伴的求医经历》,详细描述了龚玉老师的老伴2018年摔倒导致股骨、胫骨骨折,而儿女都在国外,于是她不得不独自带着老伴周转在医院、养老院、康复医院之间,经历了漫长、艰难、辛苦的治疗康复历程。但最终,龚玉老师的老伴还是离开了。

文章里有一段话让我很心酸:"从老伴骨折起……我周转了8次医院,用过8个护工;到2019年,我雇了保姆,将老伴接回家中;最后,又送他进养老院。在他人生最后旅程的一年半时间里,尽我所能尝试了几乎所有能安养老人的方法:公立医院、私立医院、康复医院、养老院、请保姆到家……我感觉自己像个孤独的流浪者,老伴则是那个破旧的行李卷,我拖着他走来走去,不知何处可以安生,何时可得安宁。"这是一个老人对生命的呐喊。

两位老人所经历的一切,最根本是因为我们今天的医疗康养服务还是碎片化的,不是以患者为中心、以人为中心的系统。龚玉老师也写道:"如果老伴是在一个安静怡人的环境下,在医护人员充满爱心和责任心的照护下,有尊严地走完人生这最后一程,我是不会那么锥心难过的。"

我也经常讲钱理群教授和崔可忻老师两位老人的故事。他们是泰康之家·燕园的首批居民,2015年燕园开业的时候就把自己的房子卖了住进来。崔可忻老师退休前是中国儿童发展中心(现中国儿童中心)研究员,一生爱唱歌,是燕园老年合唱团的主力团员。钱理群教授是中国研究鲁迅、周作人最著名的学者之一，被认为是当代中国批判知识分子的标杆人物，他到燕园后潜心写作，用他自己的话说是达到了自己创作的巅峰。

2018年11月，崔可忻老师被诊断出胰腺癌，医生说她只剩四个月的生命。她跟死神赛跑，做了四件事。第一件是很快把家里所有的事情都安排好。第二件就是对自己的病，决定不做化疗、不动手术，就住在燕园康复医院接受疼痛治疗，钱理群老师每天从社区走过去陪她。第三件是在燕园做了一场告别演出。83岁的老人，穿了一身洁白的连衣裙，身上绽放出的那种美丽，可以说震撼人心，我觉得再青春都无法比拟。第四件事，她完成了人生的自传《我的深情为你守候——崔可忻纪念集》。

钱理群教授跟我说，他们很感谢泰康创造的养老方式，让他们的生活丰富而充盈。特别是泰康开创的医养融合的模式，把康复医院建在养老社区里，让他和崔老师免于去医院的奔波与繁杂，使得他们有更多的时间享受生命的充实、安宁与祥和。

崔老师不幸于2019年8月去世。我很荣幸我们在商业上的创新与实践，能够为像他们一样的中国老人提供一个优雅幸福的晚年生活。我觉得这就是泰康事业的价值和意义所在。

所以当我读到龚玉老师的文章后触动特别大，因为龚老师所希望的就是泰康正在做的事情，也是我们努力的方向，就是把"从摇篮到天堂"变为现实，打造全生命周期的医养康宁服务体系，让像龚老师这样的遭遇成为过去式。我把文章转发给了泰康的管理团队仔细研读学习。两对老人晚年患病后的不同境遇的鲜明对比，也更加坚定了我对泰康战略的信心，坚定了我对商业创新本质的认知——便捷和实惠。商业创新不是标新立异，一定要带来效率，一定要能方便客户，只有遵循这两个原则，创新才有生命力。

第六章　创新

企业家精神的本质就是创新。作为创新的主体，企业家不论进行哪方面的创新，其根本的目的，都是为了打造和提升企业的核心竞争力。

激烈的竞争也必然会导致产品、服务的不断推陈出新和成本的持续下降，整体效率提升也必然带来社会福祉的增加。比如，福特先生当年的理想就是让他的工人都能开上他们自己生产的汽车，他开创了汽车流水线生产模式，降低了生产成本，让汽车逐步进入每一个普通家庭。乔布斯有句名言"活着就是为了改变世界"，他带领苹果公司让人类社会加速进入移动互联网时代，智能手机的应用给人们的生活带来了翻天覆地的变化。

如今泰康的这种创新已经照顾到我的母亲、我母校的老校长和我的师母，以及曾经获得国家最高科学技术奖的顾诵芬院士、王大中院士，著名经济学家吴敬琏教授等共和国的建设者们。截至2024年6月，在泰康医养融合长寿社区生活的泰康居民已经超过了1.3万人。我希望能够通过我们的创新，改变中国老年人对生命的态度和生活方式，让每一个生命的旅程都流光溢彩。

创新方法论：从率先模仿到自主创新

那么，我们又该如何进行创新呢？

"创新就是率先模仿"是我对后发优势的另一种诠释。经济学界认为，发展中国家的经济超越是典型的后发优势理论的应用，如雁型理论、进口替代理论等。

企业也一样，20世纪80年代末我做中国500家大企业评选的时候得出一个很重要的结论——我国的工业主体仍处于工业化的初级阶段。要让中国企业接近或达到世界先进水平，如果靠自然积累和发展，可能需要几十上百年，最经济的途径就是找世界上最优秀的企业作为标杆进行模仿，快速接近它们的水平，并在实践中持续创新，最终超越它们。那时候，我们创业都是把美国的商业模式搬到中国。当时我说过一句话："今天在美国火的明天在中国一定火。"我做的第一个生意，也是模仿索斯比在中国做艺术品拍卖。

所以我们要率先照世界上最好的葫芦来画瓢。这个过程中一定会有不太符合现实和实际的情况，你就会修改，而这个修改的过程就是中国化或者现实化的过程，实际上也就是创新和克服水土不服的过程。

"照最好的葫芦，画最好的瓢"，在操作层面上要牢牢把握好四点。一是要敏感敏锐，善于发现。模仿要强调准确性和针对性，要有全球视野，善于在繁杂的信息中找到自己模仿的对象。二是要把握时机，率先模仿。模仿要强调"时效性"，要快速果断，在国内同行中最先模仿，从而实现在特定市场、特定时间领先的目标。三是要寻找标杆，找世界上最好的企业进行模仿。找最好的企业学习模仿容易迅速提升，从而快速超越国内竞争对手，迅速建立自己的竞争优势。四是要超越模仿，实现创新。

像我创办嘉德时，我说要做中国的索斯比，其实那时我从来没去过索斯比拍卖行，拍卖行到底是怎么回事、该怎么经营，我也没有头绪，就是根据过去积累的知识和认识综合形成了这样一个概念，找到了一个合适的对标和模仿对象。后来，我们到处请教专家，带创始团队跑去香港，到索斯比拍卖现场取经。在拍卖现场，我仔细记录拍卖现场的一切，牌子、记分牌、拍卖师……

连预展时用的玻璃罩子是几厘米厚等细节，我都仔仔细细抄在小本子上。我们还向香港拍卖行的老板、大收藏家们请教各种窍门和细节。就这样逐渐规范和完善了嘉德的拍卖流程，并在这个模仿的过程中加入了适应中国特色的业务流程。1994年，嘉德一声槌响，成为中国拍卖业开始进入现代拍卖市场的标志。

人寿保险在西方发展三百年了，是一个很成熟的大产业，在世界500强企业里，人寿保险公司一度占了五六十家。我一直在思考，在中国做人寿保险，怎么创新？我们也总结，泰康在发展历史上经历了三波创新，每一波创新一开始都借鉴和吸收了国外的先进案例。

第一波创新是从泰康成立到2000年前后，中国寿险业刚刚起步。我带着公司高管走遍全球，考察学习了20多家一流保险公司，构建起公司的保险经营管理体系和框架。我们的营销体系主要向台湾地区的保销集团、国泰人寿学习，去荷兰全球保险集团学习团险和年金业务，向加拿大伦敦人寿等学财务管理，信息技术平台是从台湾地区的瑞泰人寿引进的，产品精算、核保核赔体系建设得到瑞士再保险、瑞士丰泰、慕尼黑再保险很大的帮助，也曾派人到瑞士丰泰学习投资，风险管理体系、荣誉体系建设分别受到瑞士信贷和美国大都会人寿、日本生命等的启发。特别是2000年我们引进外资，对提升公司治理有很大的帮助。通过吸收全球寿险业的先进经验和技术，泰康从一开始就站在世界巨人的肩膀上。

第二波创新就是我们抓住中国中产人群的成长，以家庭和家庭价值观为核心，提出"一张保单保全家"和"买车、买房、买保险"的新生活方式，开始在学习模仿的基础上，结合中国市场的特点进行自主创新。我们开发了"爱家之约"家庭保障计划产品,将过去一对一的个人销售转变为以家庭为投保单位,改变了传统的保险形态和销售方式。我们构建代理人、新生活广场、95522热线和泰康在线四位一体、虚实结合的保险服务模式,这是体验式营销的萌芽。我们还在业内率先引入内含价值体系,发行了行业首个次级债,现在都成为行业标准与惯例。

第三波创新就是始于2007年进军养老服务业,率先将美国CCRC模式和生活方式带到中国。在这个过程中,我们发现养老跟医疗分不开,所以我们后来又去美国参观医院和医院集团,如约翰斯·霍普金斯医院、凯撒医疗集团等。最后我们将虚拟保险支付和实体医养服务结合起来,以"幸福有约"的产品创新为起点,打造"长寿闭环",开创了一个"从摇篮到天堂"的全新商业模式。

所以创新就是率先模仿的过程,就是一个结合自己的实际,将外来事物本地化或者说本土化的过程。这个结合过程中形成的新的东西,就成为自己的东西了,创新也慢慢转向自主创新。一个国家的持续发展也是如此。现代社会起源于西方,所以从科学理论到日常生活方方面面的创新,基本都来自西方发达国家。中国现代化的过程,就是不断向西方学习和本土化的过程。这是一个国家由模仿创新走向自主创新、持续发展的必由之路。

我二十多年前说"创新就是率先模仿",这个理论是成立的。中国的改革开放已经走了四十多年,很多企业也逐渐走出了一条自主创新的道路,不仅适应了中国市场的发展,在一些重要领域的创新上也开始影响世界。比如中国的高铁、阿里巴巴对虚拟支付的贡献、华为在5G标准制定方面的影响、比亚迪等在新能源电池和电动汽车领域建立的领先优势，以及泰康把保险支付和医养康宁实体结合开创的全新商业模式等。

实际上从第二波创新开始，泰康就走上了自主创新的道路。我们抓住中产人群及其家庭的需求，提出了"一张保单保全家"的全新理念，开发了"爱家之约"家庭保障计划产品。在第三波创新中，我们从保险到医养，看起来是跨界，实际上是寿险产业链的延伸：从只为客户提供保险金融服务，到满足他们的实际医疗养老需求；从原来只服务到客户60~65岁时保单到期，到服务客户全生命周期。人寿保险有三百年历史，但是在我们之前，世界上没有这样的商业模式。

以前我们进行模仿创新很轻松，觉得没什么难的，直到今天我们自己从零开始摸着石头过河，就知道自主创新有多难。从最开始的一个创意，十多年持续不断地探索，十多年持续不断地改进，十多年持续不断地积累，才有了今天的成果。现在看到别人开始模仿我们，以我们为师，走泰康这条路，我们也很自豪。我觉得这是我们为这个行业、为国家、为时代做出的贡献。

当然，企业要从模仿创新转为自主创新，除了企业家自己要成为创新者，更重要的是把创新融入企业的文化价值观与具体实践，融入企业的基因，建设企业的创新体系，推动企业家的个人创新转变为组织的创新，建立企业持续的战略优势与竞争优势。

泰康从模仿创新开始就在逐步建设我们的创新文化与创新体系。我们举办创新大赛鼓励员工在具体工作中探索新思路，采用新方法；在集团层面成立了知识产权部和知识产权与创新工作委员会，推动和保护员工与公司的创新成功；从公司二十五周年司庆表彰开始，我们在公司的荣誉体系中增加了"重大创新奖"，全面推进公司的创新战略。到 2024 年，泰康拥有授权专利 1309 项。泰康在中国年金科技专利排行榜、中国企业长期护理保险科技专利排行榜上均列第一位，在 2022 年、2023 年蝉联中国智慧养老运营企业专利榜第一，且作为保险业唯一代表荣登全国工商联发布的民营企业发明专利 500 家榜单。同时我们积极参与国家保险、养康服务专业建设，到 2024 年初已参与制定国家标准 6 项、行业标准 6 项、团队标准 8 项、企业标准 245 项。这就是体系化创新带来企业创新的百花齐放、硕果累累。

创新是熬出来的，要积累千钧之力

我们做企业一定要明白一个道理，没有那么多断崖式、颠覆性的创新。任何创新，特别是商业模式的创新，一定会经历一个不间断的实践、试错、思考、摸索、验证过程，最后才形成一整套逻辑体系。

2007 年我们开始进入养老服务业，最初的想法是学如家连锁酒店，把社会上办的经营不理想的养老院托管下来，进行全国连锁。2008 年初，我们也在北京望京开了一个轻资产的养老会所进行试验，很快就失败了。失败的原因有很多：有选址的问题，因为望京是个年轻人聚集的地方，老年人少；商业模式也不清晰，采用轻资产模式，房子是租的，一开始规模也不可能搞得很大，床位有限，但是配备的人力又不能少，所以成本高，难以持续；最重要的原因是轻资产的业务对保险公司的长期资本来说没有协同效应。当时我们也没想到后来会把养老和保险产品结合，开创一个新的商业模式。

　　失败之后，我们还是回到"创新就是率先模仿"的方法论，开始了新一轮的考察学习。当时，日本、中国台湾、美国、欧洲这些国家和地区的养老社区我都去看了。日本的规模都比较小，很多都是用废旧的菜市场、厂房以及学校改造的。中国台湾王永庆先生办的养老社区我也去参观学习了。后来到美国，一开始在北卡罗来纳州的一个养老社区，我一进去就感到很震惊，这不就是我们向往的生活吗？有餐厅、活动中心、健身中心，一群八九十岁的老人在跑步、练瑜伽、学芭蕾舞。这种全新的生活方式和老人们的精神状态深深地震撼了我。我当时就决定一定要把这种商业模式带到中国来。今天在泰康之家里，这样享老生活的场景早已成了普遍的现实。

　　但在当时，发展思路有了，如何在中国落地，才是更大的考验。金融业的监管很严格，保险公司做养老社区在国内外都没有先例。根据相关法规要求，保险公司的投资范围本来就包括不动产投资，只要不超过投资限额，就不算突破现有政策。国内地产系人寿保险公司合众人寿当时就是这么做的。所以如果当时我们想取巧，也可以把养老社区当作商业地产来投资。

　　但是我更希望泰康养老探索的创新，从一开始就能获得监管部门和国家政策的认同和支持，这样我们才能走得更稳更远。经过将近两年的研究和反复的汇报沟通，我们终于在2009年取得行业首个由保监会批准的投资养老社区试点资格，并在2010年正式成立泰康之家投资有限公司，将泰康养老社区计划推进到实施阶段。最终我们于2012年创新性地推出行业首个对接泰康之家养老社区的保险产品"幸福有约"，实现了保险客户与养老服务的连接。

如果说泰康之家是泰康大健康产业生态体系一系列创新的起点，幸福有约就是其中的关键与核心。2011年泰康在北京昌平竞得全国首个旗舰社区的用地，但是如何让对接养老社区的保险产品得到批准呢？我们又被难住了。

当时这个过程也令人非常煎熬。我们的主业是人寿保险，我们又选了重资产投资养老社区的模式，项目投入资金大、投资收益低、回报周期长，如果不把我们的主业和养老社区结合起来，这个商业模式是不可持续的。到2012年，泰康之家·燕园已经奠基了，但对接养老社区的保险产品迟迟没有设计出来。我不是一个折腾员工的人，觉得那样不尊重员工。但那段时间，实在是没办法，每次开会都是七八个小时，从下午两点开到晚上十点，逼着他们搞产品，但一直没有结果。

有一天，我听说另一家公司的养老社区相关产品要出来了，一下子急了。保险资金投资养老社区是我们提出来的，也是我们最先开始实践的，最后别人的保险产品率先成功，我们起个大早赶个晚集，这怎么行呢？

我一夜没睡着。

第二天开会，我跟团队说，别人的产品都出来了，都报到保监会了，我们这是怎么回事？大家说，他们报了也批不下来，因为养老社区是商业不动产，没办法算准备金，最后保监会也批不了。

创新的灵感就是一刹那被激发出来的！我说，这简单，寿险这边卖一个保险产品，养老社区那边出一个入住确认函，化整为零不就解决了嘛！

第六章 创新

所以创新是一个艰难的过程。经常是这条路走不通，那条路也走不通，经历了无数的实践、无数的失败、无数的纠结、无数的寝食难安，但矢志不渝，锲而不舍，熬到最后，终于走通时，迎来一瞬间的豁然开朗。

几十年的实践下来，我发现，化整为零是一个超级方法论。遇到复杂问题、扯不清的问题、各部门打得一塌糊涂的问题，就是把问题简单化，你是你，他是他，化整为零，切割清楚。

就是这个方法论催生了幸福有约，没有当时一刹那逼出的灵感，没有这个确认函，可能到今天都没有幸福有约。有时候创新就隔着一张纸，没有多年的思考和积累，这张纸是捅不破的。捅破这张纸需要一生的精力、一生的积累，是千钧之力，集所有人的智慧，在最后一刻捅破的。捅破了就是一个伟大的创新！

创新是一个永续的过程

创新不会一蹴而就，也不存在有了一个创新成果就一劳永逸。很多创新都是从一个点的突破开始，逐步实现从点到面，从量的积累到质的飞跃，最后形成一个系统性的创新体系。但如果创新停滞，这种"创造性破坏"在市场上达成新的均衡后，就会有新的创新来打破这个均衡。

所以创新是一个永续的过程，只有不竭创新才能永葆企业生命力。

当泰康决定把美国的 CCRC 模式引入中国，在全国打造高品质、医养融合、候鸟连锁泰康之家养老社区后，我们创新性地推出与其对接的年金保险产品幸福有约，开启了泰康的持续创新之旅。

幸福有约这种由年金保险与养老社区入住确认函组合而成的创新产品，首先颠覆了传统寿险产品的形态。人寿保险在数百年的发展历史中，先后开发了分红险、年金险、医疗保险、投连险、万能险、重疾险等产品类型。但是在幸福有约诞生之前，传统的寿险产品基本上都是"一纸合同"，客户购买保险后在哪里看病、在哪里养老跟保险公司没有关系。幸福有约在原有年金产品保单权益的基础上，通过养老社区入住确认函给客户及其父母提供一个可选的入住泰康养老社区的"期权"。虚拟保险支付和实体医养服务结合，让保险变成一种生活方式，从"冷产品"变成了"热服务"，扩展了保险产品的外延和内涵。保险公司与客户从看得见摸不着的合同关系，变成了可感知、可体验的服务关系。

其次，幸福有约的创新也拓展了客户群体与圈层。受限于自然生命周期，老年人由于长寿风险和健康风险比较大，传统寿险公司很少有面向老年人的产品，客户群体以中青年及其子女为主。幸福有约从解决养老服务切入，直接将客户范围延伸至老年阶段，实现客户群体从少儿到老年的全生命周期覆盖，解决从个人到家庭再到家族三代人的"从摇篮到天堂"的需求。同时，幸福有约通过对未来养老成本的精算假设，将标准版10年期缴标准保费定为200万元，首次在保险业通过价格锚定效应开辟了高净值客户市场。到2023年底，泰康销售幸福有约保单突破20万件，改变了过去寿险业不能批量产生高净值客户的历史。

再次，新的产品形态和客户圈层必然对代理人提出了更高的要求。我们又开创了健康财富规划师这一全新职业。健康财富规划师集保险顾问、医养顾问和理财专家为一体，更好地满足客户及其家庭全生命周期的长寿、健康与财富需求。泰康健康财富规划师已获得教育部批准的面向院校的"1+X"职业技能认证和国家职业资格认证。我们为这一全新职业的从业者提供从养老、健康到财富管理的多学科、全方位知识培训和实战训练，鼓励他们终身学习，更加专业化、职业化，成为客户长寿、健康、富足需求的规划者和终身服务者，成为健康财富企业家和泰康大健康事业合伙人。

更为重要的是，有了养老社区实体，就构建了一个现实的可感知、可体验的销售场景，开创了体验式营销的新模式。1992年，友邦保险把代理人体制引入中国之后，寿险营销方式最早是陌生拜访。当年泰康刚成立时请台湾顾问培训，要求代理人每天至少拜访6次，我们的代理人也出现过因挨家挨户敲门拜访被人打出来的情况。后来寿险业进入"跑马圈地"的粗放式发展阶段，人海战术成为主流，单个代理人的训练和管理成本被压缩，就产生了一种通过酒会、培训会销售的"产说会"新营销模式。在泰康体验式营销新模式下，客户可以事先参观实体社区，甚至入住体验后再决定是否购买保险产品。这改变了传统保险销售从保单到保单的方式，而且客户"眼见为实"，有效避免了客户被夸大宣传误导，切实保护客户权益。

这样，泰康之家、幸福有约、中高净值客户、健康财富规划师最后通过超级体验式的销售方式，形成了一个成熟、完善的逻辑体系。以幸福有约和泰康之家为核心开创的"支付+服务"长寿闭环，颠覆了传统寿险客户、产品、渠道的"金三角"，构建了一个全新的寿险商业模式的底层逻辑（见图6-1）。

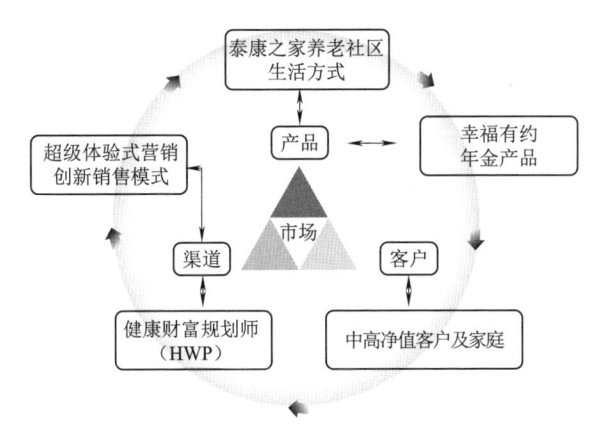

图6-1　泰康打造的长寿闭环，从养老社区出发助力寿险业务创新

人寿保险商业模式的底层逻辑是一张资产负债表，客户缴纳的保费形成了公司的负债端，公司运用保险资金进行投资形成了资产端。从保险公司资产负债表的角度看，负债端即销售端，而资产端即投资端。在传统模式下，行业每张保单的平均标准保费不超过5万元，而每张幸福有约保单标准保费200万元起，销售效率大大提升。负债端幸福有约积聚的保费投资建设养老康复实体，实现资产与负债的配合。大规模的保险资金需要寻找具有长期稳定收益的投资标的，自建、持有并运营高品质养老社区需要巨额资金，而养老康复实体通过稳定的经营和盈利能力，又可以为负债端提供长期稳定的投资回报。

同时，如果客户入住社区，保单到期之后这笔钱在支付社区费用的同时可以继续投资增值，拉长了整个负债端的久期。传统寿险保单，如果45岁购买，65岁到期，这笔钱在保险公司只放 20 年；现在一张幸福有约保单，45 岁购买，客户 75 岁入住养老社区，假如到 95 岁去世，这笔钱可能会在保险公司放 50 年。如果客户更早购买保险，比如购买客户定位为 18 岁以下的幸福有约青少版，这个周期可能超过 80 年。这就形成了一个与生命等长的长坡筹资模式，可以实现巴菲特所说的长期投资与复利效应。长长的坡、宽宽的道、厚厚的雪，滚最大的雪球。30 年是复利现象，50 年是复利之花，70 年是复利之神。

在进入养老服务领域成功打造长寿闭环之后，我们认识到养老和医疗分不开。所以在社区配建康复医院的基础上，我们又进入综合医疗领域，通过自建、投资、合作等方式，打造"健康保险＋医疗服务"的健康闭环。而支撑这两个闭环的基础，都有赖于投资端长期资金的投资，这就形成了第三个闭环——财富闭环。在泰康内部，长寿闭环对接人寿保险和养老服务体系，由泰康人寿、泰康养老、泰康在线三家保险子公司和泰康之家承接；健康闭环对接健康保险与医疗服务体系，由以上三家保险子公司和泰康医疗承接；财富闭环对接长期的保险金、养老金与投资体系，由三家保险子公司和泰康资产承接。三个闭环相互支持、相互协同，构建了泰康大健康产业生态体系的大闭环，创造了寿险业的新商业模式，也形成了泰康全新的大健康战略（见图 6-2）。

前文介绍，泰康进入医养领域，是看到了人口老龄化的趋势。在实践的过程中，我们加深了对这一问题的研究与理解，也提升了对生命本身的认识。我认识到全球特别是中国的人口老龄化、少子化趋势比我们最初感知的要更加严峻，而"老龄化""老龄社会"这些概念让人感觉相对被动和悲观，我们应该以更加积极

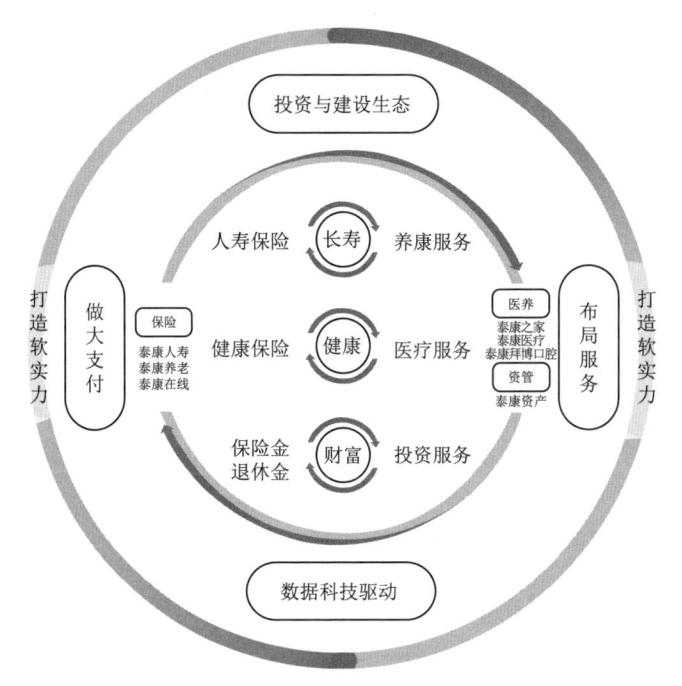

图6-2 泰康的长寿、健康、财富三个闭环

的态度主动面对。有一次中央电视台要做一个纪录片,他们了解到泰康在养老领域的开创性探索与实践,就来采访我。导演跟我说拟用"长寿时代"这个词作为纪录片片名,这一下击中了我。这个概念一下把泰康所有的思考探索、创新实践以及对未来的展望都串联起来,让我豁然开朗。我说我们就像在真理的海洋里寻找真理,上岸后才发现真理一直在自己身边。我们以此为主线,深入思考与透视人类未来,全面梳理和系统总结泰康的创新与实践,撰写成《长寿时代》一书。

长寿时代,百岁人生,人人带病长期生存。健康和养老将成为最大的民生,也必然是最大的经济。这种深刻认知一方面为泰康乃至整个寿险业指明了未来的发展方向，也让我们的大健康事业与战略有了超越商业的价值和意义。长寿时代这一人类社会的终极挑战，需要社会、政府、企业和个人共同应对。我觉得泰康是在为人类应对未来挑战探索企业端解决方案，我称之为"长寿时代泰康方案"。由此，泰康的大健康产业生态体系战略就更加清晰和明确。

2024年新年上班第一天，我在《中国银行保险报》发表《拥抱新寿险，推动寿险业高质量发展》一文，用"新寿险"这一概念，把我们的创新与实践做了总结。这也是用更简洁的方式，进一步梳理和深化长寿时代到来和泰康创新实践对行业的影响。

开创新寿险，引领寿险新时代

回顾人寿保险的历史，大数定律、生命表和资产负债表三者构建了现代寿险及其商业模式。大数定律和生命表的发现与制定，让寿险产品有了定价的标准和依据。而资产负债理念在寿险业的应用，确立了保险资金运用管理等一系列现代化发展的重要原则，推动了寿险公司逐步建立起更加审慎的资产负债估值标准，形成了以偿付能力充足率为核心的现代寿险资产负债匹配平衡的模式。基于负债端寿险产品定价和销售产生的死差与费差，以及基于资产端保险资金运用带来的利差，构建起传统寿险的价值链。

不过这种"负债+资产"的二维结构在寿险业进入成熟周期后，其价值链边际效益正在递减。全球寿险深度在21世纪初达到近4.6%的顶峰，现在已逐步回落至20世纪90年代的水平，在低增速区间逐步发展；近二十年全球寿险业保费收入增速不到名义GDP增速的一半，且成本大幅上升。而在资产端，全球成熟市场基本都经历了低利率甚至零利率市场环境，投资收益长期处于低位。中国寿险业在经过高速发展之后，也进入深度调整阶段。特别是老龄化加速，长寿时代即将到来，为行业的高质量发展带来了挑战和机遇。

泰康的创新探索与实践，将传统的虚拟保险业务延伸到实体的医养康宁服务领域，实际上在传统寿险的"负债+资产"二维结构中，加入了医养康宁的"服务端"，构建了"支付+服务+投资"三端协同新寿险，引领寿险业的发展进入一个新阶段（见图6-3）。

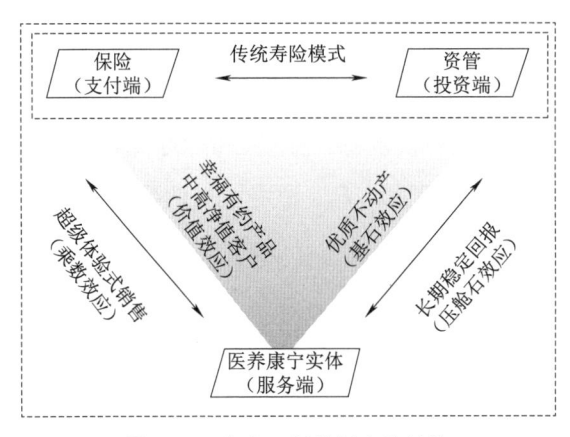

图6-3 泰康开创的新寿险结构

以"寿险支付+养老服务"的长寿闭环为例。前文讲支付端与投资端的结合，构建了一个新资产负债框架。在支付端，幸福有约带来的保费是负债，进入投资端后投资于养老社区与医院实体。虽然本质上没有改变传统寿险资产负债的底层逻辑，但通过幸福有约对接养老服务，客户的保单到期后可按月领取保险金支付养老费用，剩下的部分仍然在账户里获得复利增值，让整个负债端的久期延长20~30年。更长的负债久期，直接改变了传统负债端的结构，也为投资端提供了更为长期稳定的资本，有利于进行长期的投资规划，获取稳定的投资收益，助力负债端的持续发展。当然，这也对投资端的投资逻辑和选择提出了新的挑战。

而支付端和服务端的结合，可以产生乘数效应与价值效应。高品质的养老社区天然地满足了中高净值人群对长寿时代未来幸福生活方式的需求。根据泰康实际运营情况测算，每一张养老床位可以支撑大约20张幸福有约保单的销售，形成了服务端对支付端的乘数效应。而支付端也可以为服务端提前锁定源源不断的客户，形成了支付端对服务端的价值效应。

同时，投资端和服务端结合，也可以起到基石作用和压舱石作用。大规模、长期性、需求稳定回报的保险资金，正好与医养康宁实体投资的重资产、长周期、稳回报匹配，成为长寿时代大健康基础设施建设的基石。原来投向不动产的资金，聚焦到投资细分的养老社区和医院这种长寿时代抗周期的优质不动产标的，成为利率下行趋势下保险公司获得长期稳定回报的压舱石。

投资端和服务端的结合也是寿险公司在医养康宁领域与其他产业竞争的最大护城河，寿险公司也借此找到了建立与其他金融业竞争的比较优势的路径。同时，寿险公司从虚拟保险向实体医养服务延伸，牢牢抓住了消费者最基本、最终极的需求，是应对互联网保险与科技挑战的关键路径。

相对于传统寿险，新寿险有以下几点不同。第一，最根本的区别是实体的医养康宁服务成了新主业。到2024年，泰康已在全国完成35个城市40家高品质、大规模、候鸟连锁的医养融合养老社区布局，其中23家已经投入运营，全国五大医学中心也在陆续落地。幸福有约保单销售从第一年的300单增长到2024年的近5万单，新单价值贡献占比超过1/3，幸福有约客户突破22万人，健康财富规划师队伍超过2万人，有力地支撑了泰康近几年的稳定健康发展，成为泰康穿越传统寿险周期的坚实基础。

第二，新寿险将寿险业从过去的销售驱动转向服务驱动，将传统寿险以队伍为核心转向以客户为中心。在传统寿险的客户、产品、渠道"金三角"中，寿险公司的经营逻辑是以"队伍"为核心，通过经营销售队伍来服务客户。泰康将实体医养服务引入传统寿险，以基于客户需求的服务来推动传统寿险销售，改变了寿险业传统的经营逻辑。

第三，新寿险融养老金金融、养老产业金融和养老服务金融为一体，构建了养老金融发展的新模式。在长寿时代背景下，实现老有所养、老有所依是发展养老金融的必然要求。新寿险"支付+服务+投资"三位一体的商业模式，构建起年金产品销售、养老金账户投资、养老服务实体投资与运营的产业生态闭环体系，整合老年生命产业链中的个人养老筹资、养老产业融资以及养老服务投资等金融服务，是发展养老金融的最佳实践。

第四，新寿险实现了传统寿险业的要素创新配置，推动寿险产业高质量转型升级，培育寿险业新质生产力。泰康的创新改变了传统寿险的生产关系，带来了生产方式的变革，提升寿险公司的生产力与销售效率，加强了服务客户的广度与深度，拓展了代理人获取收入的机会与路径，构建了符合市场规律、符合消费者需求、符合时代发展潮流的创新商业模式，为行业的长期稳定发展和高质量转型提供了一个方向和路径。

第五，新寿险切实服务民生，服务实体经济，走向商业向善，赋予了寿险业新价值。新寿险打造最优的筹资模式和覆盖全生命周期的一站式高品质医养康宁服务体系，增强了寿险业的民生属性。投资、建设和运营医养康宁实体，切实满足人们对养老和健康的刚性需求，让人寿保险更好地服务实体经济，让寿险公司真正成为大健康、大民生和大幸福工程的核心骨干企业。

创新永续，创新没有止境。企业要实现商业永续，在坚守价值底线、坚定战略方向的基础上，一定要把创新融入价值体系，贯穿战略制定与实践的整个过程，推动企业不断向前发展，为客户和社会创造更大的价值。

第七章

价值观

2020年11月,我参加泰康旗下负责养老社区建设和运营的子公司泰康之家成立十周年庆典。他们做了一个30多分钟的纪录片,回顾泰康养老事业走过的风雨历程。泰康之家创始团队也做了很好的分享。我看着他们,回想起从2007年泰康开启养老事业以来的点点滴滴,感慨万千。

在最后发言的时候,我放弃了原来准备的内容,现场用三个关键词——初心不改、创新永续、商业向善——对我们十三年养老事业的探索,也对我自己近三十年的商业实践做了一个总结。最终实现商业向善的路径,就是长寿时代泰康方案的大健康产业生态体系战略。其实核心就是一句话,泰康的成功是战略的成功,更是价值观的成功。

我在前面的章节分享了关于战略的认识与思考,以及泰康战略演变的过程。那么,什么是企业的价值观呢?

在我看来,企业的价值观是全体员工在企业发展过程中形成的共同的价值体系、共同的道德标准和共同的行为准则。

具体到泰康,我总结为三个层次:一是"专业化、市场化、规范化"的价值底线，来源于泰康在创立之初就确立的专业化、规范化、国际化的价值取向；二是"创新、分享、公平"的企业文化根基，是从人和人性出发进行组织建设的底层逻辑；三是基于公司的业务性质，在实践中总结提炼形成的"尊重生命、关爱生命、礼赞生命"的文化价值观。这三个层次的价值观构成了泰康的价值观体系，贯穿于泰康赛道定位、战略选择和战略执行的全过程，也在引领和推动战略发展的过程中不断升华，内化成企业文化去指导实践、凝聚团队，带领企业持续向前发展。

这一章，我将结合泰康价值观的演变过程与实践，分享我多年来持续学习和思考价值观的心得体会，特别是我们构建企业价值体系和践行企业价值观背后的认知与逻辑。

价值观是战略的基石

价值观的重要性怎么强调都不为过。但每个企业要形成自己的价值观，没有一蹴而就的捷径可走，也不可能一朝一夕完成，需要持之以恒，久久为功。特别是在企业经营发展的过程中有太多重要且紧急的事情亟须去做，价值观就往往容易被高高挂起，成为一句空话。

出现这种情况，本质上是企业家对价值观的认识不够深刻。创业者在明确赛道定位之后，接下来就进入制定具体企业战略的程序，并要确保战略执行到位。简单地说就是，战略定位明确方向和目标，战略选择确立路径和方式，战略执行匹配资源和能力。而在战略定位、选择和执行的过程中，不论是选择做正确的事，还是正确地做事，价值观都贯穿始终，确保战略制定及执行合法合理合情。

所以价值观是战略的基石。战略定位首先是企业的价值观定位，战略选择一定经过了价值观选择，不管这种选择是经过深思熟虑还是无意识的，而战略执行如果偏离价值观，企业就会失去持续发展的基础。战略决定企业能走多快，价值观决定企业能走多远。不管企业战略如何变，价值观不能偏。而企业只有确立了正确的价值观，才能保证战略朝着正确的方向，行稳致远。

企业要建立和形成自己的价值观，首先要弄清楚价值观从哪里来。

第一，企业价值观的源头一定是企业家的初心与理想，这是价值观的基因与底色。我们每一个人的初心和理想，或者说每个人的追求及为人处世的原则与方式，都是其世界观、人生观和价值观的凝结。一家企业从创办之前的赛道定位到企业初创时的战略选择，一定跟创始人和企业家的"三观"密不可分。

正如我在序言里分享的我创业的初心，对我来说，最终选择创办企业是确定了"实业报国"这样一种实现人生价值的方式和路径。而在35岁决定放弃做学者的理想下海创业的时候，我已经是《管理世界》的常务副总编辑，属于副局级干部。我也衡量过继续留在体制内发展的可能，这就是我下海的机会成本。所以既然要办企业，就要对得起自己的抱负和机会成本，自然就明确了创业目标——创办一家世界500强企业。

我把创办一家世界500强企业作为实现人生价值的路径，就决定了我的创业选择，一是要选大产业，二是不能为了赚快钱等短期利益去牺牲未来的可能性。因此在选择赛道的时候，我就会去思考，做什么样的生意才能支撑起这样一个梦想。当有机会申请创办人寿保险企业的时候，我就去坚定抓住这个机会，即便经历几年漫长的等待，甚至在只要放弃就很快有机会拿到信托、证券和城商行等其他金融牌照的情况下，也没有一丝一毫的动摇，坚定不移只做人寿保险。从这个角度来讲，企业家的价值观底色也决定了企业的赛道定位。

第二，企业定位决定了价值观的底线。在前面的章节里，我分享了在选好赛道之后，接下来要弄清楚自己行业商业模式的本质，也就是怎么赚钱和靠什么赚钱。最根本的是弄清楚企业要做什么、不做什么，什么钱能赚，什么钱不能赚。这是底线和原则问题。所以说定位决定了企业的商业模式，而商业模式在底层逻辑上就为企业的价值观定好了底线和原则。就像嘉德作为交易平台和中间商，信誉是其立身之本，为了建立和保持信誉，一定要坚持"公平公正公开""不买不卖"。

第三，企业的愿景、使命和战略是价值观的载体。因为我下海的价值导向是"实业报国"，所以我做的企业，最开始的使命都跟这个愿景相关。比如我做嘉德的时候，虽然有朋友说我是琉璃厂夹小包的，但我心里不以为然，因为我自己对嘉德的期许是成为"中国的索斯比"。泰康成立的时候，在成为世界500强企业这个长期目标的指引下，最初确定的使命是"振兴民族保险事业"。

后来随着泰康的发展，价值观逐步与产业特性和实际结合，特别是当基于寿险延伸产业链，开启医养事业的时候，我们希望能够改变中国老年人对生命的态度和生活方式。最终我们形成了打造全生命周期的大健康产业生态体系战略，描绘了让泰康成为人们幸福生活的一部分的美好愿景，致力于让保险安心、便捷、实惠，让人们健康、长寿、富足。在这个过程中，我们在"专业化、市场化、规范化"的价值底线的基础上，升华形成了"尊重生命、关爱生命、礼赞生命"的核心价值观。

那么，什么是好的价值观？我们又应该如何去构建企业的价值体系呢？以我的经验，好的价值观要满足四个基本条件：第一，要合法理、守底线，遵循市场经济的基本规律和法律法规的底线要求；第二，要合情理、顺人性，满足人性中对真善美的追求，保护和激发人性中正向的一面；第三，要符合行业特性，从企业实践中来；第四，价值观不能挂在墙上，要在实践的过程中进行检验；最后，价值观最好能够凝聚成精神力量，指导实践。

我将围绕这几个方面，剖析泰康构建和践行价值观背后的思考与逻辑。

价值观要合法理、守底线

2013年到2016年，从安邦举牌招商银行、民生银行等开始，到"万宝之争"和恒大人寿短期大量频繁炒作股票，部分保险资金在资本市场屡掀波澜，引发市场震动。而2016年，时任证监会主席的"妖精论"一出，保险行业彻底被推到了风口浪尖，不少趁机污名化保险业的言论甚嚣尘上。

其间我去江苏拜访某主管领导，他跟我说："东升，很钦佩你，保险业这些乱象你一点都没有沾边。"其实有很简单的一个道理，寿险公司经营的本质是长期资金的负债经营，安邦等美其名曰的"资产负债双驱动"创新模式，不过是大量卖短期产品获取资金，到资本市场举牌蓝筹股，甚至短期频繁炒作股票获取收益，不但违背了保险资金运用的监管要求，也不符合寿险行业发展规律。所以在这一次的"行业乱象"中，不仅泰康没有沾边，市场化企业比如平安，以及国企中国人寿、太平洋保险、新华保险、人保寿险和太平人寿等行业头部企业都没有参与。

这些事情过后，我们也进行了认真总结和深刻反思。泰康之所以在这个过程中没有参与，没有受到牵连，回过头来看，是价值观和战略决定了我们发展的根本，这就更加坚定了我们坚持专业化、市场化、规范化的价值观底线。

在泰康成立之初，我们就确立了"专业化、规范化、国际化"的价值观。这里的"国际化"主要是指学习国际上成熟的治理结构和管理制度及经验。随着泰康从学习模仿走向自主创新，我们认为"国际化"的任务已经基本完成，就把这"三化"表述成"专业化、市场化、规范化"，沿用至今。

为什么我坚定地要把"市场化"加到价值观里面呢？我是1992年开始筹备拍卖公司和人寿保险公司的。这一年前后，跟我一样，全国从党政机关、科研院所下海的知识分子超过10万人，形成中国商业史上颇为壮观的"下海潮"，我称这批企业家为92派。我们与84派和后来的海归网络派，分别掀起了改革开放后到中国加入WTO前中国企业家创新创业的三波浪潮。

20世纪80年代改革开放刚开始的时候，在个体经济之外，私营经济是没有相关法律支持的，民营企业的概念要到90年代中期才在官方报告中出现。很多民营企业不是在创办之初以国家企事业单位或者集体经济的名义申请，就是在创立之后找一个国家单位挂靠，后来很多就有产权方面的争议。在84派的代表企业家中，鲁冠球后来通过赎买解决了产权问题；柳传志的股权相当于是国家给管理层的奖励；张瑞敏的海尔是集体所有制企业，今天仍然是；王石创建了一个世界性的大房地产公司，到退休时是一个职业经理人。

而92派创业的时候，我国的计划经济正在向市场经济转轨，国家先颁布了《有限责任公司规范意见》和《股份有限公司规范意见》两个文件，随后又出台《公司法》，为我们通过股份制创办现代企业提供了法理依据。所以我总结92派的一个特点，就是"用计划经济的余威，抢占市场经济的滩头"，也就是充分利用在体制内的信息和资源获得牌照后，坚定走市场化的道路。因此这里的市场化不仅仅是我们现在理解的根据市场规律和用市场手段去竞争，更重要的是坚定告别计划经济，走向市场的价值选择。

更重要的是专业化。我觉得专业化是工业文明最大的成果。记得在武汉大学读博士的时候，我跟同门师兄就"专业化"进行了一次彻夜长谈，一直溯源到亚当·斯密的交换分工理论——交换产生价值，引起劳动分工，分工就带来专业化，专业化就是效率。我对专业化的认知、对专业化的膜拜就是从这次深入讨论开始形成的。

专业化是相对多元化来说的。寿险业很多公司在发展的过程中选择了多元化金融战略，也就是我所说的"金融宽带"模式。泰康在发展的过程中，不是没有多元化的机会，即便获取其他金融牌照如证券公司和银行牌照的机会不如以前，但也只是成本问题。我们坚定地选择深耕寿险产业链，还是源于我们的价值观和对专业化的认知，而且随着市场越发成熟，专业化将会显得越发重要。

中国改革开放到今天四十多年，未来企业的发展主流就是成为头部企业，以及"专精特新"的成长型企业。头部企业一定是走专业化之路的。平台企业也会有，但是数量不会多，而且它们也一定是围绕自己的核心业务进行布局，或是通过财务投资的方式来整合产业链。

专业化加上市场化就是规范化，就是做市场和监管的好学生。我国的市场经济是党和政府领导、社会各个阶层和市场主体共同推动建立起来的。社会主义市场经济的本质是法治经济，要做市场和监管的好学生，敬畏市场、敬畏专业、敬畏规则，就必须坚持走专业化道路，坚持走市场化道路。中国有两种类型的企业和企业家，一种靠政府的扶持发展起来，会有一时的风光，不能走长远。还有是做一个好企业，成了政府的一张名片，最终政府也会支持你。所以企业家和企业有什么样的价值观，选择走什么样的道路，在一定程度上决定了企业和企业家的命运。

当年安邦保险举牌民生银行，前海人寿举牌万科引起市场震动，很多朋友都来问为什么泰康不抓住这样的机会，我当时跟他们讲我的想法，他们不理解。事实上，保险有风险补偿、资金融通和社会管理的功能，而且作为耐心资本，和社保基金一样，一直被看作资本市场的稳定器和压舱石。监管部门对保险资金投资也有很严格的规定。后来安邦出事，他们才觉得我做的是对的。所以这件事也进一步加深了我们对"专业化、市场化、规范化"价值观的认识，更加坚定了我们对战略、价值观的坚守，坚定做市场和监管的好学生，不偷、不抢、不争。

坚持专业化，专注主业、专注专业，在商业模式上规避多元化的风险；坚持市场化，走亲清政商关系的道路，避免政治上的风险；坚持规范化，不搞监管寻租，避免监管的风险。不偷就是不偷股东的钱，不损害客户的利益。不抢就是不恶意竞争，特别是金融保险企业，聚集了大量的长期资金，要用在支持企业家精神上，不能去二级市场恶意举牌。不争就是不争一时一地的得失，要争长久、争战略、争创新。

在我看来，对"市场化、专业化、规范化"的坚守就是按法律法规和市场规律做事情，这个是最基本的底线，任何违背这个原则的行为都会受到市场的惩罚。我也一直要求公司的高管，对价值观不能有一点松懈，符合价值观的事情就做，不符合价值观的事情绝对不能做。

价值观要合情理、顺人性

任何组织都是由人构成的。每个人都有追求真善美的天性和崇尚公平正义、畅想美好未来的朴素愿望。这是人性中最为璀璨、最积极向上的一面，也是文明社会共同价值与道德规范的基础。我们在构建企业价值观的时候，一定要符合社会主流价值取向，一定要保护、引导和激发人性中美好积极的一面。合情理、顺人性才能聚人心，才能得到员工的拥护和社会的尊重。

所以企业价值观的建立，除了要有"专业化、市场化、规范化"的理性思考与底线思维，还需要回到人的视角，从员工的需求和发展出发，融入"创新、公平、分享"的人性光辉与文化内核。这也是组织建设的底层逻辑。

在创办嘉德和泰康之前，我先在外经贸部的国际贸易研究所做了五年研究，属于基层研究人员。后来又在《管理世界》杂志社做了五年的副总编辑，是单位一把手的副手。在外经贸部的时候，我们的领导水平都很高，同事间关系很好，单位也给机会，有想法就支持，有成果就奖励。我作为一个本科生，三年多一点就被破格评为助理研究员。所以到现在我仍然感念当时的领导和同事。

《管理世界》是1985年李克穆、卢健等一批当时在党中央、国务院工作的比较活跃的青年人创办的，刊名是陈云同志题的。刚开始的时候，杂志挂靠在《经济日报》下面，两年后由于报社领导更替，就挂靠到国务院发展研究中心。我那时候已经在《红旗》《世界经济研究》《世界经济导报》等报刊发表了不少文章，李克穆他们看中我的学术能力，找我做《管理世界》的副总编辑，没想到却意外发掘了我的商业才能。

因为在外经贸部的时候我经常看《经济学人》《商业周刊》《时代》《财富》等国外商业类杂志，我就琢磨《管理世界》也可以弄点什么。最终我选择参照《财富》杂志（那时候译作《幸福》杂志），搞中国500家大企业评价。现在的中国企业500强评价其实是我们开的先河。

首次评选结果出来后，《人民日报》头版以《我评出百家最大工业企业》为题进行了报道，《新闻联播》也报道了，引起了很大的社会反响。第一期除了评出中国100家最大工业企业的总榜，还评出了9个行业的50家企业。我们给这些企业发函，说我们准备出书，把这些上榜的企业都登出来，同时做个铜牌，上面写中国100家大企业排名、中国钢铁企业排名、中国服务企业排名等，杂志社很快就红火了起来。

这一年恰逢新中国成立四十周年。有一天我从电视上看到农业展览馆搞全国乡镇企业农副产品展览，当时的总书记、总理等中央领导全去看了。我灵机一动，农副产品展览中央领导都来，我要是根据评出来的这些大企业搞一个共和国四十年工业成就展览，他们肯定会来。我兴奋得一夜没睡着，第二天一上班就找总编辑李克穆，他一听就支持。

这次国庆四十周年没有大的庆祝活动，我们这个展览一下就成了国家项目。主办方从一开始的《管理世界》杂志社变成国务院发展研究中心，最后由中共中央办公厅指导，果然开展后中央领导都来了。

那时候杂志社自负盈亏，我们的工资一个月100元不到。中国500家大企业评价和工业成就展成功后，《管理世界》的品牌就树立起来了，广告源源不断。大家的收入提升很多，干劲都很足。但是这些大的策划基本是编辑部牵头做出来的，其他部门的同事拿着这个品牌去各地做活动招商，编辑部同事知道后觉得自己栽树被人摘了果子，还分享不到，就有很大的意见，觉得不公平。

这给了我很大的触动，一个组织，只要做到创新、公平、分享，一定会红红火火。后来我离开《管理世界》杂志社，自己创业当一把手，就告诫自己一定要在企业成立之初，把企业文化的根定下来。所以1996年泰康刚成立，我就把"创新、公平、分享"这六个字写进我们的企业文化里，还写了对这六个字的解读。

创新：站在时代发展的最前沿，对新的技术、制度、业务的创新。创新分三级，总部、分公司、一线，只有这样才能保持旺盛的进取心和生命活力。

公平：这是公司的重要原则，也是公司文化和正气的基础。没有公平，人人就会钻营、溜须拍马，这会毒害企业的肌体，人际关系就会复杂化和庸俗化。

分享：我们用双手和智慧创造了财富，我们有权利分享我们的成果。参与、分享是我们的权利，我们分享我们的成果，并不是对社会、对股东的索取。

随着泰康的发展和自己经营管理实践的增长，我对这六个字的认知就更加深刻了。

创新是灵魂。不管做什么，不论是组织还是个人，一定要有创新精神。不创新的都是走不远的。组织领头人没有创新精神，或者不支持创新，就不能够带领团队从一个胜利走向另外一个胜利。组织的发展没有活力和前景，员工得不到成长和发展的机会，迟早会离你而去。作为员工，你不创新，就不会有脱颖而出的机会，也很容易被取而代之。所以在一定程度上讲，创新首先是一种价值理念，其次才是做事的方法和习惯。

公平是根基。组织的本质是一种承诺，公平是一个组织健康发展的根本原则，代表着付出就有回报，而且有同样的付出会有同样的回报这样的预期和默契。

就管理者而言，一个组织，特别是团队的领头人一定要做到公平。只要你公平，所有的人都会拥护你。我办泰康有两条不可触犯的底线。一是绝不允许拉帮结派。泰康刚创办的时候，员工来自五湖四海，也有不少来自其他保险公司，很自然就会形成小团体。我是从武汉大学毕业的，人们也自然会想泰康会不会有

"武大帮"。我当时就很敏锐地观察，发现不好的苗头就会毫不犹豫地斩断。二是不允许送礼。我从来不允许员工给我送礼，也不许分公司的人给总部的人送礼。所以这两个文化一直保留到今天。

但是，绝对公平或许是不存在的，所以流程一定要透明。透明是对公平最有力的监督。透明就是一种机制，规则公开、制度公正，不搞暗箱操作。像泰康每年年底的全系统评优，都是根据KPI达成情况排名，然后集体讨论、投票，最终以此作为依据，流程上的透明也保证了最大程度的公平。

分享是结果。任何企业的发展都离不开股东的支持，都不可能完全依靠一个人建立和发展壮大，员工付出了，就有权利分享发展的成果。而且每个人背后都有家庭，得不到合理的报酬，就没有对家庭尽责的基础。同时，企业作为市场主体、社会公民，对外也要分享，公司有能力就要参与社会公益，承担社会责任。

在这个基础上，泰康在1999年提出了公司的司训，在2000年对个别词进行了微调，一直沿用至今，成为泰康企业文化最核心的体现。泰康成立二十五周年的时候，我们认为公司已经从一个保险金融企业转变成大健康民生企业，战略也有大的调整，司训可能也要随之修改。结果讨论来讨论去，大家还是觉得我们的司训并没有过时，所以就一字未动：

求实创新，稳健进取
专业规范，亲和诚信
铸造团队，成就自我
分享成功，奉献社会

"求实创新，稳健进取"是泰康的战略思想。商业是最理性的力量，所有工作一定要从实际出发。同时金融的本质是稳健经营，稳健是保险公司的命脉。客户把他们的未来托付给我们，我们在经营过程中一定要战战兢兢、如履薄冰。但是也不能因为惧怕风险就不去做事，要在不断创新、不断进取、不断奋勇争先的同时确保稳健经营。

正是在这样的战略思想指导下，泰康做到了"快速发展不失稳健，稳健经营不乏创新"，既没有因过于保守错失了超常规快速发展的历史机遇，也没有因过于冒进甚至违法违纪，动摇了稳健经营之本，葬送了企业发展的未来。

"专业规范，亲和诚信"是泰康独特的企业形象。专业、规范是泰康自创立之始就坚定追求的价值观。亲和是泰康所有员工对外的形象，也是泰康的特质。对于所有人而言，大家是平等的，老板文化要不得。我最反对打官腔、摆官架子，尤其讨厌前呼后拥、迎来送往。我这样要求自己，也这样要求所有泰康的管理人员。

诚信是商业之本，是现代商业文明之母，对于所有企业都是至关重要的。所有的商业法律和规则，都是建立在互信的基础上的。不诚信事实上提高了社会的交易成本，而且寿险业的根基就是最大诚信原则。所以泰康一直坚持"不误导客户，不诋毁同业，诚信经营"三原则。这也是我主张的三条不可逾越的底线。

"铸造团队，成就自我"是泰康与员工的关系。泰康与员工是共创共荣的关系，公司打造事业舞台、共享平台，员工就是公司的合伙人。泰康历来以人为本，有"舞台理论"——做企业就是搭舞台，绝不制约人的积极性和创造性，一定要给每个渴望成功的人提供一个展示自我、提升自我、成就自我的广阔舞台。企业平台的扩大，就意味着个人舞台的延伸，泰康要让员工实现梦想，成就事业。泰康的人与人之间、团队与团队之间、部门与部门之间、业务板块与业务板块之间，都高效协同，相互支撑。大家的关系是"同志+哥们儿"——同志在前，哥们儿在后。同志之间讲原则、讲制度、讲规矩；哥们儿之间讲情、讲义，互敬互爱。

"分享成功，奉献社会"是泰康与社会的关系。企业与员工的成长离不开社会与民众的信任与支持，企业和员工的发展必须永远服务于社会与民众。泰康从无到有，由小变大，由弱变强，在很大程度上得益于时代好、机会好、命运好。泰康是这个伟大时代的产物，是中国经济和金融崛起的见证，我们只是把握住了时代给予我们的机遇，分享了中国经济高速成长的成果。我们有幸身处这个伟大的时代，有幸身处这个伟大的国家，一定要始终坚持商业向善，成为国家大民生工程的骨干企业，用市场经济的方式方法，全心全意为人民服务，报效社会。

可以说，理解了司训，就理解了泰康的战略思想和企业文化，就理解了泰康的奋斗目标与终极追求。我们去观察或者了解一家企业，也可以从它的司训入手。

价值观要符合行业特性，在实践中不断迭代完善

明确价值观底线和文化的根基是每个组织构建价值观体系都要思考的，一定程度上具有普遍意义。企业要形成自己独特的价

值观，还要跟自己所在行业的性质结合起来，而且一定要源于实践，要在实践的过程中不断丰富，不断迭代生长完善。这样的价值观才能与战略相得益彰，才能够指导实践、凝聚团队，更好地带领企业持续向前发展。

泰康所在的寿险行业，本质上是围绕人的生老病死来经营风险，与人的生命息息相关。但是在创立之初，我们对这个行业的认知不深，基本局限在"风险"上，对"人"和"生命"本身的重视程度不够。随着我们对行业的理解，特别是在经营过程中遇到了很多挑战，也经历了很多关键时刻，具有泰康特色的核心价值观逐步形成了，那就是：尊重生命、关爱生命、礼赞生命。

当然，我们"尊重生命、关爱生命、礼赞生命"的核心价值观也不是一下子形成的。有几个直接催生价值观诞生的故事，每一个故事背后都凝结着我和泰康人对这个行业以及我们事业的思考，每一个故事都提升了我们对生命本身和我们事业价值的认知，最终也升华成就了泰康最具人文关怀的价值观，坚定泰康成为人们幸福生活一部分的信念。

第一个故事发生在 2003 年非典肆虐的时候。我们给北京所有抗击非典的医护人员赠送了专项保险，保额不算高，只有 3 万元。通州的一位放射科医生不幸患上非典去世，我代表公司给他的妻儿送去了保险理赔金，真切体会到了保险对家庭的作用和意义。

在这之前，泰康借着中国加入 WTO 的契机，加速在全国布局。具体的抓手就是通过"爱家之约"这个产品，在全国新开设分公司的城市进行"爱家行动"路演，同时配合媒体在北京、上海、广州等城市推广中产人群的新生活理念"买车、买房、买保险"。总的来说就是抓住中产人群和家庭这个客户定位，以"一张保单保全家"的品牌主张，初步形成了我们的家庭价值观。受到这次非典理赔的触动，我们提出保险的作用是"为爱尽责，让家无忧"，真正将"爱家"的概念深深植入了泰康的价值观。这次是我们第一次提升对保险的认知，将保险从风险保障层面，深入人以及对家庭责任的层面。

第二个故事发生在2008年汶川地震的时候。震后第四天，我去到灾区一线探望公司员工与客户。那时候在都江堰、绵阳、德阳、绵竹四个地区，我们有85万客户，最开始我们预测会赔偿3亿元，后来我们又测算出大概会赔偿1亿元。当然，再多我们也愿意赔，但最后我们只赔了500万元。这件事让我很震撼，我觉得生命太没有"价值"了。因为太多的人没有保险，即使有保险，也只是企业或者学校给买的意外险或者学平险，一个人赔3000元或5000元。当时我们最大的一笔理赔，只有12万元，购买者是一个女孩，23岁，在都江堰的一个商店做售货员，在我们这儿花200元买了一份"吉祥相伴"高保额意外伤害保险。地震前几天她还做了保全，对受益人做了调整。因为她父母离婚了，万一她有什么意外，理赔金给爸爸一份，给妈妈一份。

其实地震的时候她已经快跑出那个商店，如果再快0.1秒，她是有机会生存的。但是商店的门檐塌下来，夺去了她年轻的生命。理赔款是我亲手送到她父母手上的，我抓住他们的手，我想让他们在这个时候相互握个手。女儿在的时候，孩子是父母的连接；现在女儿不在了，保险成为他们跟女儿的连接。我把赔款给她爸爸妈妈，拉着他们双手的一刹那，从我的骨头缝里，从我的血液里，迸发出了一个强大的声音——买保险就是尊重生命。

从此泰康人把我们的事业和生命紧紧结合起来，泰康的价值观里有了对生命的关怀。

第三个故事是泰康探索进入养老服务业。我们是2007年提出的这个想法，2008年初到美国考察，首站是北卡罗来纳州夏洛特市的Sunrise养老社区。我们看到了95岁的老先生在跑步机上锻炼，一群打扮时尚的老太太在练站姿、跳芭蕾……我一下就被美国老人那种生命的活力和悠然的生活方式所震撼。

2010年，为了让公司董事理解和支持泰康进军养老产业，泰康将董事会放在了美国召开，并且组织董事专程考察美国的养老社区，他们参观后受到很大的震撼。也是在这一次，我人生中第一次见到了百岁老人，是一位老奶奶，她戴着护士帽，我猜想她应该参加过二战，我跟她握手，感觉她非常有力量。

其实我们中国人对前三个阶段的关注度都相对较高，却唯独对老年阶段的重视程度不够。还有我们中国传统的老人，把一切都奉献给子孙后代。像我虽然在事业上取得了成功，但我妈妈还是舍不得吃、舍不得穿，给她钱、给她买好的东西，她也都想着要留给孙子。这当然也是很好的传统，但他们的老年是苍白的、没有色彩的。我下定决心，一定要把美国养老社区的生活方式带到中国来，改变我们中国老年人对生命的态度和生活方式，让他们为自己而活，让我们中国的老人也能够快乐、优雅地老去，享受生命、享受老年的神闲，让生命最后的旅程流光溢彩。

我觉得生命太美好、太伟大了。所以在尊重生命、关爱生命的基础上，又加入了"礼赞生命"的理念。最终形成了泰康现在的价值观——尊重生命、关爱生命、礼赞生命。这三个词层层递进，循环往复。你没有从内心里尊重生命的意识，就不会有真正去关爱生命的行为，更不会认识到生命的美好和伟大，从而更加尊重和敬畏生命。

泰康核心价值观形成的这个过程也告诉我们，不同的企业一定会有价值观，企业的价值观不可能杜撰出来，也不可能看到别的企业的价值观好，就直接拿过来自己用。企业的价值观一定从实践中来，在实践中迭代完善升华，一定是全体员工在企业发展过程中形成的共同的价值体系、共同的道德标准、共同的行为准则。它是独一无二的，而且只有到这个时候，才能说企业家带来的基因和底色已经内化成企业的价值观，才能说企业的价值体系建设基本上路。

价值观不能挂在墙上，要在实践中检验

要让企业的价值观深入人心，去引领战略、指导实践、凝聚团队，就不能只挂在墙上成为一个口号，一定要在实践中进行检验。

2020年抗疫，应该说是对泰康价值观的一次全方位检验。

我们形成了"尊重生命、关爱生命、礼赞生命"价值观，也一直说自己是一家有人文关怀、有家国情怀的企业。当灾难来临的时候，我们自己的行为是不是体现了这样的企业价值观呢？我很骄傲，几乎在抗疫的每一个环节，都有我们泰康人的身影。

因为2003年抗击非典的经历，我对类似的传染疾病很敏

感。2019年12月底网上传武汉有不明原因肺炎消息的时候，我就很关注，马上让泰康人寿湖北分公司密切跟踪。1月20日钟南山院士称确定该病可"人传人"，第二天一上班，我就联系武汉市委、市政府，首先给武汉的医护人员送去每人20万元保额的保险。1月22日，我们提出来向武汉人民捐赠1000万元人民币的捐款，并赠送15万只口罩。那个时候我们也不知道疫情会怎么发展，主动要求所有的捐赠不做宣传。到23日的时候，整个情况发生了巨大变化，武汉市政府主动联系我们办一个正式的捐赠仪式。一些企业也很快行动起来，迅速投入支援武汉抗击疫情的行动中。可以说，我们泰康打响了民营企业捐赠的"第一枪"。

同时，我也知道，当大疫来临的时候，人们是恐惧的，如果有一份保险，就会平抑他们的恐惧，也能给家人带去一份安慰。早在2003年发生非典疫情的时候泰康在业内率先推出抗击非典专项保险，并向北京抗击非典的医护人员捐赠1.5亿元保额，引起了很好的社会反响。所以这时我就让公司赶紧开发"爱心保"公益保险计划，并争取银保监会的支持：保费100元，保额20万元，如有盈余，就全部捐出来作为公共卫生及流行病防治基金。那时候正值春节，大批员工提前返京集结，全力攻关，将需要10天的上线流程压缩到3天。1月30日，泰康宣布将设立1亿元公共卫生及流行病防治基金，用于资助基础卫生体系建设和流行病防治体系建设，泰康爱心保公益保险计划同步上线，在原有意外险基础上扩展新冠责任。

最重要的是，武汉封城后，恐慌的市民如潮水般涌向医院，医疗资源严重短缺，不时有医疗资源挤兑的新闻传出来。疫情发生前，我们投资40亿元在汉阳建设的泰康同济（武汉）医院已经基本建成，原计划于5月运营。在得知武汉医疗资源紧缺，政府开始加快建设火神山医院和雷神山医院后，我又给武汉市政府打电话，主动请缨说我们有一座盖好的新医院，可以腾出来救治新冠患者。很快市里就有人来考察，武汉市新冠肺炎疫情防控指挥部将泰康同济（武汉）医院确定为新冠肺炎确诊病例治疗点，先期在门诊楼以方舱模式投入使用，提供300张床位救治轻症患者。

2月11日，当时的抗疫总指挥率中央指导组到泰康同济（武汉）医院调研，泰康同济（武汉）医院再次被破格升级。2月13日上午，军队增派2600名医护人员支援武汉抗击新冠肺炎疫情，参照武汉火神山医院运行模式，承担泰康同济（武汉）医院、湖北省妇幼保健院光谷院区确诊患者医疗救治任务。

但是普通医院不具备收治传染病患者的条件，转成方舱医院必须对医院硬件进行改造，疫情结束后还要恢复原样，这一来一回的成本不菲。泰康同济（武汉）医院升级后，又面临新一轮的改造。公司内部不是没有不同的声音，我快刀斩乱麻：疫情当前，不算经济账。经过"拆家式"改造，以及最大限度的医疗资源整合，泰康同济（武汉）医院收治病人的床位提升至1060张，其中重症床位达780张，58天救治确诊患者2060人，可以说再造了一座"火神山"。泰康同济（武汉）医院也荣获"全国抗击新冠肺炎疫情先进集体"称号。

这次抗疫，泰康可以说是全体动员，全体参战。我印象最深的是一个叫李琼的95后小姑娘，她是泰康湖北仙鹤湖纪念园的一名临终规划师。当武汉民政部门向社会征召殡仪志愿者的时候，新婚燕尔的她第一时间报名，成为我们泰康10名支援汉口殡仪馆的志愿者中唯一的女性。除了公司层面的捐款捐物捐保险，我们号召员工和代理人捐款的时候，短短几天时间，有近24万泰康人一共捐了2200多万元。捐得多的，如泰康资产的CEO段国圣捐了100万元，泰康人寿的总裁程康平捐了50万元。

当然，我自己身体力行也很重要。在这种关键时刻，企业领军人物的所作所为，员工和社会都看在眼里。疫情期间我同时指挥泰康、湖北省楚商联合会、武大校友企业家联谊会和武大北京校友会四条线抗疫。2020年4月8日武汉解封，我4月28日就带着亚布力中国企业家论坛的代表们到武汉，到12月31日，我第十次到武汉。

泰康的这次抗疫行动，特别是泰康同济（武汉）医院在"战火"中开业，为泰康的生命价值观注入了现实意义：危难当头，匹夫有责，救死扶伤，践行伟大的人道主义精神。现在，一幅高9.9米、宽6.57米的巨幅壁画《用生命书写的希波克拉底誓言》矗立在泰康同济（武汉）医院门诊大厅。这幅巨幅壁画，由曾经在泰康同济（武汉）医院参加抗击新冠疫情的1900名医护人员与艺术家、插画师们共同完成，底座上镌刻着每一位在泰康同济（武汉）医院参与救治的医护人员的名字。它既是这次抗疫永远的纪念，也是泰康精神的丰碑。

价值观要凝聚企业精神，指导实践

我也写过一篇文章，说抗疫精神也是企业家精神，为什么呢？因为两者的本质都是迎着困难上。在企业家圈子里面，早期的企业家为什么那么推崇褚时健，现在我们为什么这么尊敬俞敏洪？核心的一点是，就像王石在评论褚时健时引用的话，衡量一个人成功的标志，不是他登到顶峰的高度，而是他跌到低谷的反弹力。

这次抗疫让我在检验泰康价值观的同时，也收获了"迎着困难上"的泰康精神。迎着困难上是什么意思呢？做任何事情，你要退缩，能找千万个理由；你主动去面对，就会不断动脑筋，不停地去找解决的方法。而正是因为我们有这样的价值观，才能够凝聚全体员工的力量，迎接各种挑战。

就像泰康同济（武汉）医院，本来原计划是2020年5月底才开业，所以其实没有完全准备好。武汉封城后医院床位被挤兑的新闻出来，我们主动联系武汉市政府想提前开业投入抗疫。但内部也有不同意见，主要是医院启用条件不成熟：证照不齐，接诊条件不充分，氧气、通风等硬件设施不到位。同时，我们本来设计的是一个综合医院，如果真的启用，就需要进行大量的硬件改造才能满足接收传染病患者的条件。但我们还是下定决心把医院腾出来，"一切不谈"。

还有对ICU（重症监护室）负压病房的改造。泰康同济（武汉）医院ICU原本有一间负压病房，可入住一个病人，当时要求把有26张病床的ICU全都改成负压病房，这基本是不可能完成的任务。怎么办呢？我们想了个办法，把ICU病房所在楼层的玻璃全部敲掉，加入大功率的负压送风系统，将整个楼层变成负压楼层。一个新医院，还没正式启用，就要把玻璃砸了，我们的员工都很心疼。你要不想拆，就会找很多个理由，但是要短时间完成改造任务，非这么做不可。

人要进步，企业要发展，就一定会遇到困难和挑战。每一次的困难和挑战，都是一场淘汰和洗礼。扛住了，这就是机遇，你就会成长。扛住了大的挑战，你就有大的成长；战胜小的挑战，你就有小的成长。

2003年的非典疫情是泰康第一次面对生死存亡的挑战。非典大概持续了8个月，高峰期有一两个月公司开不了张。那个时候泰康正在加快全国布局，一个月的费用大概是1.5亿元。虽然拿到了一些外资入股的钱，但如果疫情再持续3个月，泰康可能就要破产了。因为开不了张，就没有产出，但是人工成本、租金都要付。特别是那时候互联网也不像现在这么发达，代理人出不了门就做不了业务，做不了业务就没有收入，没有收入队伍就散了。队伍散了，公司赖以生存的根基就没了。

所以这个时候就坚定地逼着大家去做事，就不断地动脑筋，不断地干活。不干活就等于死亡，干活的过程中也训练了队伍。这就是毛主席讲的从战争学习战争[1]。不从战争中学习战争，我们怎么能够进步呢？

这就有了在上文中提到的抗击非典专项保险计划，从设计到保监会审批、上市销售只用了四天。我也知道，在这样的时刻，一定要体现出大企业的责任担当，也一定要体现保险公司的作用。我们主动向北京抗击非典的医护人员捐赠1.5亿元保额。正是因为有非典中的经历与经验，面对这次新冠肺炎疫情，我们心

---

[1] 毛泽东. 毛泽东选集：第一卷[M]. 北京：人民出版社，1991：181.

里多了一分平静坦然，一方面有条不紊地安排公司的生产，一方面也调集各种资源，全力支持国家的抗疫工作。

还有2005年上半年，在经历了过去几年机构大发展和业务的快速增长之后，泰康的业务第一次出现了负增长。这是泰康历史上首次面临负增长挑战。我记得一线的员工当时冲刺到6月30日凌晨，我带着总部的所有高管和部门负责人，看着公司业务系统不断跳动的数据，为他们加油助威。

这对当时所有泰康人来说都是难忘的一夜。即便这时候业务目标依然没有达成，但是我觉得只要有坚持冲刺到最后一刻的精神和信念，泰康在未来一定能谱写更加精彩的故事。我在发言中总结的几句话，成为泰康的"零点宣言"：

> 弘扬泰康以人为本的企业文化。
> 发扬泰康人敢打敢拼、不畏艰辛的创业精神。
> 发扬泰康人爱司敬业的职业经理人精神。
> 发扬泰康人战无不胜的团队精神。

泰康的"零点精神"就是这样来的，本质还是迎着困难上。现在"零点精神"已经成为泰康发展中一种最为质朴的精神力量，激励泰康人在困境中坚守信念，在挑战中超越自我，攻坚克难，一往无前。

2020年的抗疫，泰康人也是这么过来的。疫情三年，国内经济承压，寿险行业也处于深度调整的过程中，对泰康的挑战非常大。在我们的养老社区，疫情反反复复，为了确保老人的安全，每年社区平均要封闭4个月，员工也和老人们一样在里面不能外出，非常辛苦。但是泰康内部就只有一句话：迎着困难上。

所以我们做企业，一定不能忽视价值观的力量，不能忽视企业文化的力量。找到自己企业精神的锚点，它将会永远回馈你。

结语

商业向善

在泰康的艺术品收藏里，有两幅很重要的油画是我理想和精神的真实写照。一幅是沈尧伊根据长征时中央红军穿越松潘草地的壮举创作的《革命理想高于天》，现在挂在泰康董事会会议室。我上高中时，《长征组歌》很流行，我天天听、天天背，到现在还能全部唱下来。"革命理想高于天"这句话影响了我的人生，其他人可能无法想象这对于那时的我这个中学生是多么大的激励，每当我唱着这句歌词就觉得理想与信念的力量无边无际，久久在苍穹中回荡。

另外一幅是陈逸飞26岁时创作的《黄河颂》，一个年轻的红军战士手握步枪，迎着朝阳，站在山岗上眺望远方，背后是奔腾的黄河，他的枪尖上还插着一朵小红花。我觉得这代表了我们这一代人的理想主义、浪漫主义、现实主义。首先有理想主义，才能有浪漫主义。有了理想主义、浪漫主义，不脚踏实地去做，就变成虚无，变成尘埃，在历史上什么都留不下。所以现实主义就是实践，就是要创造价值。

我也总结，我这一生，从最早想做一个革命理论家，到后来想做一个经济学者，到后来下海创业，再到现在做医养大健康事业，一次一次理想的变化，是一次一次人生的升华，更是一次一次的自我革命。回想起来，虽然理想不断在变，但是要做一番有益于国家、有利于社会的事业，这个初心从来就没有变过。也正因为理想和初心的驱动，做所有的事情就不会为了赚钱随意妥协，就能够真正做到长期主义。

考察世界各国发展的历史，不管是英国、美国的崛起，还是今天的中国，无论东方国家还是西方国家，无论社会制度如何，在工业化、城市化的浪潮中，都会遵循一个共同的规律：经济发展的早期基本是野蛮生长和无序竞争，然后这个阶段慢慢过去，特别是当工业化、城市化完成后，就真正地进入一个秩序化的阶段。

西方走过了这个阶段，今天的中国也在进行这个过程。我们也看到民营企业的发展发生了很大的变化。过去活跃的民营企业基本都是资源性的企业、多元化的企业，今天这种趋势正在结束。我认为中国经济正在从过去以资源配置驱动的发展过程进入一个以创新和效率驱动的阶段。现在中国企业家也发生了变化。在2013年武汉大学一百三十周年校庆典礼上，我代表70万校友发言，很核心的一个观点就是，校友企业家正在崛起，中国的企业家正在向知识型、创新型转变。过去的财政基本是土地财政，是因为在城市化、工业化过程中资源发挥很大作用，财政是建立在土地上的。今天地方政府的财政发生了深刻的变化，正在走向税收财政。税收财政就是产业财政，就是项目财政，就是企业财政，就是企业家的财政。

今天中国企业和企业家要实现自己的理想与价值，获得社会认同和尊重，成为社会正能量的代表，成为这个时代的榜样与楷模，就一定要以终为始、善始善终，一定要专注主业、专注专业，依靠创新和效率赢得竞争，最终走向商业向善。

商业向善首先是不作恶、不骄横。商业的本质是通过价值交换提升社会效率与福祉。人类文明的进步和社会的发展，是交换活动带来新的分工，最终形成了商业以及商人这个职业。工业革命大规模生产方式的出现又产生了现代企业和企业家，让农业社会以家庭为单位的生产方式，转为以工厂和公司为单位的规模化集中生产的组织形式。现代企业通过更精细的专业分工与更广泛的合作，对客户需求、产品与销售渠道进行创新整合，优化资源配置，提升效率，降低成本，从而实现社会整体福祉的提升。

商业不作恶就是要走正道，守底线。最基本的是不损害社会和公共利益，遵循商业本身的逻辑与规律，遵纪守法，合规经营。中国过去四十多年发生的创业创新浪潮，一波接一波，浩浩荡荡，不可阻挡。但是回过头来看，很多在早期野蛮生长、无序竞争阶段快速发展的企业，因为不能适应市场规范和秩序的要求，逐步被淘汰了。还有一些企业，比如保险业内的安邦、天安等严重损害了社会公共利益，纷纷被政府接管。

我写过一篇名为《商业唯一的捷径是长期主义》的文章，认为"捷径"就是"三化三不"的价值底线。坚守专业化，规避多元化商业模式的风险；坚持市场化，走亲清政商关系的道路，规避政治上的风险；遵循规范化，不偷、不抢、不争，始终做市场和监管的好学生。一家企业，只有坚持走正道、守底线，才能走得稳、走得远。

不骄横最重要的是守本分，有边界。市场发展到一定阶段，就会进入大企业时代。最著名的例子是美国工业时代形成的巨头，比如石油大王洛克菲勒的标准石油公司。作为美国最大的原油生产商，它一度垄断了美国95%的炼油能力、90%的输油能力、25%的原油产量，还以挤压、兼并的形式不断往制造业、金融业发展势力。最终美国最高法院根据反垄断法做出判决，标准石油公司被拆分为34家公司。

商业是最理性的力量。从商业的角度来说，企业集中的逻辑，是效率高的企业兼并效率低的企业，从而提升资源和资本的效率。但是很多企业在做大以后，往往走向多元化发展。我一直认为专业化是工业文明最大的成果。专业代表效率，效率代表竞争能力。当大企业走向多元化，资源和资本就会被分散，主业的投入就不够，就失去了竞争能力。大企业的效率低，就会拉低社会整体的效率。特别是一些企业形成垄断后，还会通过垄断地位寻求不正当竞争，挤压其他企业特别是中小企业的生存和发展空间。更重要的是，垄断在一定程度上会抑制创新，从而降低社会整体的效率。

中国经过四十多年的发展，在众多关乎国计民生行业的大型央企之外，也出现了一些资产数以万亿计的头部企业、平台企业，它们有着强大的资本实力和影响力。企业越大，影响力就越大，肩负的社会责任也越大。但是在过去一段时间，部分自以为"大而不倒"的企业没有守住市场地位和资本力量的边界，滥用影响力，背离了社会的期待。

商业向善的第二个层次是以人为本。人是一切的根本，人类社会的一切活动都是围绕人展开的，商业也不例外。所以我说人类社会发展的终极目标,就是社会的和谐、家庭的幸福和身体的健康。理解了这一点,我们才能真正地理解商业以人为本。

商业层面上我们经常讲"以客户为中心""顾客就是上帝",还是把客户作为消费者来对待,满足其需求。我觉得商业文明发展到今天,需要更加深入商业的本质。商业不赚钱是不对的,但是要赚客户愿意给你的钱,赚客户高兴给你的钱,赚客户长期高兴给你的钱。

同时商业为人服务,最终还是要以生命为本。泰康在发展过程中,形成了"尊重生命、关爱生命、礼赞生命"的价值观。我们认为一个完整的生命构图,要有童年的纯真、少年的狂野、中年的潇洒,也要有老年的神闲。但是在传统上,老年阶段往往不被重视,甚至被认为是一种负担。现在人口老龄化、少子化已经成为全球的共同挑战,进入长寿时代是不可避免的趋势。长寿时代,百岁人生,老龄人口的数量和寿命都将大大提升。

我在前文也系统讲了泰康虚拟保险与实体医养相结合的商业模式,长寿时代泰康方案就是为传统上不被重视的老年阶段提供一种崭新的生活方式,让生命充满活力,让生命更有尊严。我觉得这是真正的以人为本、以生命为本,是真正践行一个社会组织最根本的使命。这就是商业向善。

商业向善的最高层次,就是造福社会。造福社会首先是回归企业的本职——创造财富、解决就业、缴纳税收,这也是企业在整个社会结构中最基础的价值。任何企业只要合法合规做到这几点,我们就可以说它尽到了一个企业的责任,是一个合格的企业公民。泰康创立的时候有6亿元资本,后来引入外资增资11.6亿元,用总共17.6亿元资本发展到2023年成为年收入近2800

亿元、管理资产超 3.4 万亿元的世界 500 强企业。不算给股东的分红，我们还有净资产 1500 多亿元，提供超过 35 万个就业岗位，累计纳税超 900 亿元，累计支付理赔金超过 1600 亿元，其中人身险赔付 8386 万人次，赔付 1512 亿元，财产险赔付 2.3 万余件，赔付 97 亿元。可以说泰康是一家资本节约，发挥现代保险经济补偿、资金融通和社会管理三大功能，对社会有卓越贡献的企业。

而优秀的企业和企业家做好自己本职的同时，还应当积极参与社会公益。这些年泰康保险集团以及我们的员工在我的带领和号召下，累计向社会捐款捐物价值超过 19 亿元人民币。除了实物和真金白银的付出，每年我还有 20% 的时间花在社会公益上，主要是三个方面——为家乡、为母校、为社会。为家乡，就是作为湖北省人民政府经济顾问和湖北省楚商联合会会长，在给湖北经济发展献计献策、帮助湖北招商引资的同时，带领楚商投资家乡、建设家乡、回馈家乡。为母校，就是作为武汉大学校友企业家联谊会理事长，一方面身体力行，带领广大校友与校友企业家为母校的人才培养、学科建设、文化培育和建筑景观等募集捐款超过 70 亿元，一方面牵头设立珞珈天使基金，策划支持举办武汉大学校友珞珈论坛，激励更多校友创新创业。为社会，就是作为亚布力中国企业家论坛的理事长，以身作则，积极展现中国企业家的情怀理想、建设性与正能量，大力弘扬企业家精神。亚布力论坛自 2001 年首次举办以来，所有的理事中只有我所有的活动一次不落，成为"亚布力最大的义工"。

当然，伟大的企业家都是超级的理想主义者。福特的理想是让他的工人也能够开上自己生产的车，把流水线引入汽车生产，降低了生产成本，让汽车逐步进入每一个普通家庭。他说："实业家必须遵守的规矩：尽可能提高质量，尽可能降低成本，尽可能提高薪水。"乔布斯说"活着就是为了改变世界"，带领苹果公司让人类社会加速进入移动互联网时代。而马斯克引领新能源汽车的潮流，还在为人类移居火星而努力。

改变社会、造福社会靠什么呢？唯有创新。企业家精神的本质是创新，商业创新的本质是便捷和实惠。所有的创新，第一要让人们的生活更方便，第二是不断降低成本。离开这两个条件，创新就没有存在的基础。当人类社会不可避免地进入长寿时代，健康和养老的需求以及由此带来的支付压力，将成为最大的挑战。

长寿时代泰康方案就是为应对这一挑战提出的企业解决方案。一是通过在全国布局高品质的泰康之家长寿社区和多层次的医疗体系，完善长寿时代的健康养老基础设施建设，扩大健康养老服务的供给。二是推出对接医养服务的保险产品幸福有约，吸引人们在年轻或更早时购买保险产品，通过保险公司长期稳定的投资充分释放复利效应，储备更多的资金提升未来健康养老的支付能力。三是保险支付和实体医养服务结合形成的大健康闭环生态体系，可以从整体上降低交易和服务成本，提升长寿时代的健康养老效率。同时，人们将资金交由保险公司等专业机构进行长期投资，可以提升社会总体资本积累和资本效率，推动社会创新与财富创造。

泰康的初心、我们的创新、我们所有的奋斗和努力，都是为了让"从摇篮到天堂"这个美好的梦想变成活生生的现实商业模式，让支付与服务变得更安心、更便捷、更实惠，改变人们的养老观、健康观、生死观。

记得 2017 年初，我在亚布力第十七届年会上做了一个分享。那时候我刚刚过了六十岁生日，我说：我把前六十年的人生丢到一个盒子里，封存起来。人生从零岁开始，开启一个新的征程。年轻时总是很着急，恨不得一天做十件事，第二天就成功。后来我说一年只做一件事，后来我又说三年只做一件事，现在我说一辈子只做一件事。

我觉得我选择人寿保险事业，到后来进入养老和医疗健康领域，是选择了人类最伟大的事业，终身无怨无悔。因为它关爱人的生老病死，它安排每一个人、每一个家庭未来健康、幸福、美满的新生活。

不管未来我的生命是十年、二十年、三十年——当然我希望又有一个甲子，再活六十年——我新的人生都只有一个目标，就是把泰康开启的医养事业进行下去，用市场经济的方式方法，实现全心全意为人民服务的理想。

我坚信，目标纯正，心无旁骛，做正确的事，时间就是答案。

附录

致敬这个伟大的时代[①]

2018年是改革开放四十周年，亚布力论坛走过了18个年头，这也是我在这个地方的第18次闭幕致辞。在演讲开始之前，我有一个提议，请大家全体起立，用掌声向改革开放四十年致敬，向中国企业家群体和中国企业家精神致敬，向这个伟大的时代致敬！

本届年会中，开幕演讲基本承载了四十年中国企业家成长及发展壮大这一主题。从柳传志、刘永好、王石及田源等20世纪80年代改革开放重要参与者的演讲，到浙商代表南存辉的演讲及其他演讲者的演讲，都是对过去四十年的总结和致敬。在闭幕演讲中，两位年轻的80后企业家以及丁健、王维嘉等对科技、AI（artificial intelligence，人工智能）和未来的展望，亦是对未来很好的预示。

我们既总结了过去四十年，也在展望未来的四十年。这次参会的人中有曾经的文学青年、军人、国家干部、记者，他们通

[①] 2018年，陈东升在亚布力中国企业家论坛年会的闭幕致辞。

过二三十年的打拼，都有了一个共同的身份——企业家。特别是张文中，他慢声细语地讲述，将十二年的冤屈和血泪平淡地表达出来。他说，对时代无怨无悔，对整过他的人没有任何怨恨。这就是企业家精神，这就是中国企业家群体的一个集中代表。

企业家精神不是抽象的，是具体的、有血有肉的。十年前，我们在这个地方庆祝改革开放三十年，场面非常热闹。时间一晃而过，这十年经济社会发生了巨大的变化，但我们今天能够更平静、更理性、更平和地来看过去的四十年。

历史是杆秤，我们的辛酸、我们的成功、我们的失败，我们所有的历练都是在积累，所有的积累都在增加它的分量。时间是把尺子，只要我们坚持，只要我们不放弃，只要我们坚守心中对专业、对市场、对国际化的敬畏与向往，只要我们坚定地用阳光的心态、用开放的姿态去寻求我们的财富，这把尺子是无法来测量你的。这就是中国企业家精神四十年的积累。

它不会止于今天，而会永远地继续下去。

改革和开放真正改变了中国

改革开放是经过一个曲折的过程走过来的。1956年党的八大确定了以经济建设为中心，但是后来又走向了以阶级斗争为纲。最近有一些文章纪念改革开放和邓小平，说小平同志让这个社会回到了常识，回到了平常。其实我也在想，我们很多学者多少年在呼吁中国需要启蒙、需要寻找共同价值，我觉得中国的启蒙、中国最大的共同价值就是让社会更世俗化。改革开放就是让社会回到平常，让"以阶级斗争为纲"的路线回到"以经济建设为中心"。今天我们庆祝改革开放四十年，核心是我们要认识到，现在社会的许多方面都是从这样一个常识、一个战略发端的。

1975年，四届全国人大一次会议重申了发展我国国民经济的两步设想，在20世纪内实现"四个现代化"。我当时是一个高中生，我永远记得周总理做报告的情形。当时周总理还在重病中，所以"四个现代化"的报告是毛主席让邓小平主持起草，周恩来总理念的。那个夜晚就像是昨天，我一夜没睡着，一个小县城的一名高中生觉得国家有希望了，国家要实现"四个现代化"——强大起来了。

但是"四个现代化"和改革开放是有本质差异的，四个现代化还是技术层面上的一种具体认识，改革开放是整个社会从意识形态、思想观念到社会组织，全方位、坚定地跟国际、跟现代接轨。

我很少看到文章研究改革和开放的关系，我认为开放是起因，改革是过程，没有开放就没有改革。没有开放我们就不会认识到自己和世界的差距，就没有改革；没有开放也就没有目标和要求，我们就不知道往哪里走。

从最开始的农村包产到户，到价格改革，再到产权和所有制改革，走到今天，改革仍然在继续。开放，我们很简单地理解是技术、资本、设备上的开放，实质上从最早的"三来一补"，到沿海的发展战略，最后到中国跟美国经济的深度契合及融入全球化的浪潮，都是开放。所以改革和开放这四十年的过程，就是这样缓慢地一步一步走过来的。这也是"实践是检验真理的唯一标准"的过程，从小岗村、从深圳撕开了一个小小的口子，才有了今天这样一个宏大的社会变迁的洪流。

另外，开放也是人力资源的来源。改革开放以来中国发生了四次大的浪潮：第一个浪潮就是我们这批人能去高考，都有了学习的机会，每个人的机会都是平等的；第二个是出国留学潮；第三个是下海潮；第四个是考公务员潮。今天，公务员又开始重新下海，这很好。从当年公派的留学生和自费的留学生，到三十年后的今天有数以百万的人回国参加经济建设和创业，这就是我们讲的"海归派"。

所以"改革"和"开放"不是抽象的名词，它关系着我们生活的方方面面，存在于我们经济的每一个细节之中，它是活生生的，它是波澜壮阔的，它是史诗般的。我们一定要认识改革和开放的关系，改革和开放真正地改变了中国。

改革开放孕育了企业家与企业家精神

庆祝改革开放三十年的时候，我说我们过去三十年取得的成就，是政府主导经济，国企、外资和民营企业三股力量共同推动的，到今天依然如此。我有一个观点叫"企业家精神泛社会化"，一个城市的市委书记就是这个城市负责总规划的董事长，一个城市的市长就是这个城市负责具体执行的总经理。张五常也讲道，县域经济的相互竞争造就了今天中国经济的成功。

在政府主导经济的基础上，我老讲邓小平最根本的两个改革就是宏观层面的价格改革和微观层面的所有制改革。没有价格改革就没有市场，没有市场，就没有1992年党的十四大确定建立社会主义市场经济体制这样的转变。改革很艰难，当时市场是一个禁区，不能提，只能提"有计划的商品经济"，不能提"市场经济"。所以我在很多场合说，一定要记住像田源等人当年作为价格改革最重要的智囊为历史所做出的贡献。

我们不要以为今天的成就是随随便便获得的，其实是反复较量、反复博弈达成的共识，最后到邓小平视察南方谈话结束了所有争论。为什么我总说1992年是中国历史上一个伟大的时间节点？邓小平视察南方谈话推动了中国又一轮改革开放的新浪潮，党的十四大最终确立了社会主义市场经济是我们的基本经济制度，更重要的是国家体改委颁布了《股份有限公司规范意见》和《有限责任公司规范意见》，从此一个大规模的下海浪潮就在中国出现了。还有一点很重要，整个社会的价值观到1992年时开始转变了，那时社会上都认为下海是光荣的，下海是被人们竖大拇指称赞的。我也经常假设，以1992年的时间为限，如果我提前五年下海，人家一定会说东升肯定犯错被开除了；假如我提前三年下海，一定会被人说混得不好、没本事；但到1992年下海的时候，我会被人说是英雄。所以没有整个社会价值观的转变，也就没有我们的今天。

记得1985年我参加广州的一个学术研讨会，参加的人主要是哲学、社会科学领域的学者，我们都在寻找中国为什么贫穷的答案。有的学者说是由于中国文化的劣根性，让我们不能够成为现代化的国家。有的学者讲"错批一个马寅初，多出了3亿人"，哪想到多出的这3亿人成了我们现在巨大的劳动力红利。我当时说了一句话，我一辈子都记得，我说："你们都没说对，10亿中国人都想富起来的时候，就是中国有希望的时候。"当时我认为这个假设是荒唐的，是不可能的，但是这样不可能的事就在中国发生了。

当全民觉得下海是一件光荣的事，当人们认为企业家是这个时代的元帅，是这个时代的将军，是这个时代的英雄的时候，这个民族、这个社会就有了希望。所以昨天（2018年8月25日）8位企业家在"中国商业心灵"环节，像一个个要考试的小学生，毕恭毕敬，亲自动手写、朗诵《给四十年的一封信》，我觉得这就是中国企业家和企业家精神四十年心路历程的一个缩影。

我一直有一个观点，邓小平1984年视察南方，诞生了柳传志、张瑞敏、王石、任正非这样一批企业家；1992年邓小平第二次视察南方，又诞生了郭广昌、冯仑、田源、艾路明、武克钢、毛振华、陈琦伟等这样一批以社会精英为主体的下海企业家；到了20世纪90年代中后期，海归成了新时尚，互联网成了新经济，又诞生了马云、马化腾、李彦宏、刘强东、雷军等企业家。

所以改革开放就是时代的巨浪，把所有的人，男人和女人、老人和少年，都裹挟了进来，而历史就是这样前进的。我说今天在中国发生的创业、创新浪潮，正如革命的潮流浩浩荡荡，其中有掉队的，有叛变的，有被杀的，有坐牢的，但是创业者和企业家的主体越发壮大，且这股洪流谁也不能阻挡。

改革开放以来的中国企业家，从老一代到我们这一代，再到现在80后的新生代，一代一代、一拨一拨，前赴后继，这就是民族的希望、国家经济的希望。一个社会的企业家传承没有接上的时候，就是这个社会发展停止的时候。只有一代一代、一拨一拨前赴后继的创业家和企业家出现，这个社会才会永葆青春和活力。

改革开放是我们的国家和企业家精神走向成熟的过程

亚布力论坛十周年的时候，马云曾说，亚布力的思想就像亚布力的雪花，自由飘洒。前天亚布力论坛创始人、主席田源说，亚布力就是一部没有剧本的连续剧，我们已经上演了18集，这部连续剧还会继续。今天回想起来，我们的企业家精神真的是从不自觉到自觉，从被动到主动，从稚嫩到成熟，从躁动到平静；企业从赚钱到做社会公益，从进行模糊灰色的商业交易逐步走向建立新型的政商关系。中国经济也从跑马圈地的资源性驱动走向今天的效率创新驱动。一切在进步，一切也在进化。平常、平静、儒雅、包容、豁达，一个逐步被社会慢慢认识的模范群体正在东方、正在中国冉冉升起。这就是亚布力代表的中国企业家群体和中国企业家精神。

张文中先生的独白是由血与泪写成的，为什么他没有怨恨？因为他心中有一盏对未来满怀希望、永不泯灭的明灯，这盏明灯就是我们所说的亚布力精神，就是中国的企业家精神。

当然，改革还在继续，开放也在继续，今天的国家战略仍然以经济建设为中心。国家提出市场是配置资源的决定力量，深化改革、依法治国，正在演绎着一个更深层次、更大范围、更综合、更深刻的改革。国家提出要建设现代化的经济体系，建设现代化的国家治理结构，这表明我们从当年的"摸着石头过河"，到今天已经走向一个成熟社会。

20世纪80年代开启经济改革，1992年确定建立社会主义市场经济体制，21世纪初加入WTO，现在提出建设现代化的经济体系和国家治理结构，特别是2017年党中央和国务院还出台了保护和弘扬企业家精神的文件。有恒产者有恒心，这是中国历史上史无前例的对企业家、对市场经济、对私人财产的保护。未来四十年，还要靠我们在座的企业家，靠年青一代，把这部伟大的故事继续演绎下去。

泰康来源于社会，立志全心全意报效社会[①]

中国保险业的发展，经历了一个曲折的过程。保险业对社会经济的发展和人民生活的安定，发挥了重要的积极作用。中国保险业的发展是在改革开放以后，保险业的改革选择了一条严谨、稳妥和科学的道路。1995年10月1日正式实施的《保险法》使保险市场在法制的规范和监督下健康发展，并形成保险行业的现代企业制度和市场化运作。

中国十几年来的改革开放，取得了举世瞩目的成就，国民经济迅速增长，人民生活水平普遍提高，呈现出国泰民康的大好局面。富强了的国家和富裕了的人民，要求人身和财产的保障。保险业的改革顺应了这种社会经济发展的需求，特别是人寿保险直接关系到百姓生命的安康。

泰康人寿保险股份有限公司就是在这样的大背景下诞生的。公司严格按照现代企业制度的要求，以建立规范化、专业化、国

[①] 1996年，陈东升在泰康人寿开业典礼上的致辞。

际化一流企业为目标，立足企业制度创新，建立科学高效的管理体制和运营机制。

泰康人寿来源于社会，立志全心全意报效社会。我们把融入21世纪的大众生活作为自身的市场战略，竭诚服务社会，笃守商业信誉，追随中国经济的增长和人民生活的改善，在跨世纪的历史变革中寻求发展和繁荣。

泰康公司还是一个年轻的企业，她的成长壮大离不开政府领导、保险界同人，以及社会各界朋友的大力支持。我们衷心希望各位领导和朋友，爱护泰康、关心泰康、保护泰康，使她能够茁壮、健康成长。泰康公司不会忘记所有支持泰康的朋友！

泰康永远[1]

值此泰康人寿保险公司成立五周年之际，我和大家一样心潮澎湃。借此机会，我谨代表公司董事会和经营班子，对五年来为公司的发展做出重要贡献的泰康杰出的伙伴们和一线将士们，真诚地道一声："谢谢你们！大家辛苦了！"在泰康人寿创业者的丰碑上，将永远刻下你们的名字，你们不负泰康，泰康也永远不会忘记你们！

五年来，泰康人寿初步奠定了百年基业，从区域走向沿海，在大江南北设立了11家分公司、10家支公司、近100个管理处、400个营业部。公司所覆盖人口近6亿，覆盖地区所创造的GDP约占全国的70%；公司先进的发展战略、经营思想、优秀的企业文化，也越来越深入人心，吸引着越来越多的寿险精英加盟，内外勤员工队伍逐渐壮大，已发展到今天的1.4万多人；公司以客户服务为先导，以高起点、高品位、专业化为特色的市场差异化战略的成功实施，使公司的专业、亲和形象渐渐得到社

---

[1] 2001年，陈东升在泰康人寿五周年司庆典礼上的讲话。

会的认同。

在广大客户的关心和支持下，截止到今年6月底，公司累计保费收入34.37亿元人民币，市场占有率逐渐上升。增资扩股的圆满成功，使公司的资本实力得到很大提高，净资产达到20亿元人民币。同时，泰康人寿在业内首推的以CEO为核心的管理体制，推动了公司法人治理结构与国际惯例的彻底接轨。首推的独立董事制度也在保险界引起了不小的轰动。

公司继1998年首获AA信用等级后，又一次摘取了中国保险业高信用等级AAA的头彩。泰康优质的寿险品牌，快速成长的脚步，展示了现代化大公司的实力和形象，显著增强了公司的市场信誉度，进一步激发了员工的自豪感和对公司的凝聚力。

公司所取得的成就离不开大家，离不开我们每一位员工的辛勤劳动和汗水，也离不开你们家人对你们和公司的支持。泰康所取得的这一切，谁是真正的功臣？我可以说，不是别人，是你们创造了泰康的历史、泰康的辉煌。泰康的未来属于你们！属于我们每一个人！

今天，各位从事的职业是神圣而光荣的。它带给家庭安宁、幸福，带给社会稳定发展。"保险事业是永远不可替代的"，对于这一点，我和大家一样深信不疑，从1996年创办泰康人寿开始，这个观点始终没有改变。我们销售的是安宁、平和与尊严；我们销售的是明天子女的教育、家庭的幸福，是天伦之乐与自尊；我们销售的是对未来的希望和梦想。

我们应该骄傲，我们帮助了更多的家庭，为他们未来的幸福与安康提供了坚实的保障。虽然社会上还有不少人不了解人寿保险事业的真正含义，误解它对人们生活产生的深远意义，甚至误解我们的工作，但我们会以真诚的心和坚持不懈的努力使更多的人获得帮助，了解保险的真谛。对我们来说，误解、挫折和打击并不可怕，经营人寿保险事业是一项使命，是一种信仰，我们需要真诚地携手。当你背依更加强大的公司，继续体验成功的喜悦时，你的人生价值也就得到了升华。

今天，每一位朋友都看到了现在的泰康与五年前的泰康已经不可同日而语。在"专业化、规范化、国际化"的经营理念指导下，展现在人们面前的是一家蓬勃向上、欣欣向荣的新型人寿保险公司。

此时此刻，泰康员工没有享受到司庆惯常的鲜花和美酒，但每一个人却分享了奉献爱心的喜悦。在五周年司庆这一特殊的日子里，我们举行"客户大回访"活动，用对客户的关爱和回报，向公司五周岁生日献上了一份厚礼。

此时此刻，我们没有陶醉于昨日的辉煌，而是更加清醒地认识到未来的寿险市场，危机中蕴含着机遇。我们积极进取，在稳健经营的基础上，加快了业务发展的步伐，加快了人才培养、客户服务、信息技术、财务投资和组织创新五大跨世纪工程的建设，使公司在永续经营的基础上，将全方位的力量凝聚到业务快速发展的轨道上来。

未来五年，我们将完成泰康从中小型保险公司向中大型保险公司的过渡，推动股票的上市，推动员工持股，最终实现向资本经营和集团化经营的第三次飞跃。

展望泰康人寿在新世纪的伟大征程，我们充满必胜的信心和力量，泰康人寿将肩负起对社会发展和进步的历史责任，肩负起对客户关爱和回报的真诚承诺，一如既往脚踏实地为客户提供更多、更好、更全面的保障和服务，在中国的长安街上，在亿万中国人民的心中，矗立起一座泰康人的丰碑。

让我们手相牵，心相连，为了我们共同的理想，共建我们的家园。让我们共祝国泰民康，永远泰康！

迈向未来新的十年[1]

今天是一个特别激动人心的日子，一个令人难忘的日子，一个值得我们全体泰康人欢庆大喜的日子。因为十年前的今天，我们泰康诞生了；而十年后的今天，年轻而富有朝气的泰康人，欢聚在这神圣而庄严的人民大会堂，共同庆祝我们十周年的华诞，共同分享我们十年成长的快乐，共同描绘我们美好的未来。

十年泰康成就辉煌

十年磨一剑，今朝露辉煌。泰康的横空出世、厚积薄发，一切都源于一个梦想，一个振兴中国寿险的梦想，一个振兴民族的梦想，一个振兴中国的梦想。十年前的今天，经国务院同意、中国人民银行批准，泰康人寿保险股份有限公司成立，中国寿险业又增添了一支新军。过去十年，泰康在"专业化、规范化、国际化"战略的指引下，在市场上赢得了良好的业绩和口碑，在高速发展和稳健经营之间保持了很好的平衡。

---

[1] 2006年，陈东升在泰康人寿十周年司庆典礼上的讲话。

十年来，泰康经营业绩快速增长。公司保费年年攀升，规模不断扩大，今年的保费将突破200亿元；公司资产优良，预计到今年底，总资产将突破700亿元，净资产将超过20亿元；公司客户规模日益壮大，截至今年6月底，累计客户总量超过1200万，其中，累计个人客户突破1000万，累计企业客户6万家，覆盖团体被保险人200万。

十年来，泰康塑造了"快速发展不失稳健，稳健经营不乏创新"的特色品牌形象。公司始终坚持"稳健是本，创新是源"的经营理念，从无到有，由小变大，迅速发展成为一家全国性的中大型保险公司，成为中国保险业快速发展的典范之一。公司在实现快速发展的同时不失稳健。十年来无一笔呆坏账，偿付能力始终保持充足，客户投诉率始终保持市场最低，内含价值稳步上升，面对市场出现的种种浮躁现象没有盲目跟风。十年来的发展历程，既是一个不断学习和模仿的过程，也是一个不断创新和超越的过程。公司从最初提出创新就是率先模仿，到有选择地自主创新，都是在国家政治稳定、经济发展、行业进步以及公司发展理念基础上实现的，也是公司对客户、产品、服务、品牌、公司五大定位做出准确判断的结果。如今，泰康的自主创新从理念、产品、服务到品牌，已经基本形成一个体系。

十年来，泰康饮水思源，积极回馈社会。公司为社会创造了13万个就业机会；十年累计上缴税款近8亿元；十年有效保单累计风险保额超过2万亿元，累计支付赔款近20亿元，累计赔偿人次突破500万；洪水泛滥，泰康人慰问英雄家属和新闻工作者；非典肆虐，泰康向社会特别是医护人员捐赠了1.5亿元保额的保险；海啸侵袭，矿难来临，泰康人慷慨解囊；情系教育，资助办学，设立教育基金，泰康人先后向国内著名高校累计捐款近1000万元。这些都体现了泰康人强烈的爱心和社会责任感。

泰康的成就得益于时代好、机会好、命运好。我们身处一个伟大的时代，一个急遽变革的时代，一个不断创新的时代，一个飞速发展的时代，一个创造奇迹的时代；更为幸运的是，我们身处一个充满活力的朝阳行业，我们面临着千载难逢的发展机遇。泰康就是这个伟大时代的产物，也是中国经济和金融崛起的见证。泰康在由小变大、由弱变强的发展过程中，把握住了时代给予我们的机遇，分享了中国经济高速成长的成果。

泰康的成就得益于我们崇尚的专业精神。十年经历了国际、国内经济环境的巨大变化，但我们始终坚持"专业化、规范化、国际化"的战略思想，像崇尚宗教一样崇尚专业精神，并学习、借鉴西方的现代商业方式，与国际接轨，融入世界。

泰康的成就得益于我们坚持的勤劳品格。我们继承和发扬了中华民族勤劳的优良传统，我们勤于思考，勇于创新，坚定执着，矢志不渝。我们用汗水和智慧创造了财富，也赢得了市场的尊重。

十年来，泰康人寿紧扣时代的旋律，随着中华民族的伟大复兴和中国政治、经济的全面崛起，在市场经济的大潮中劈波斩浪，以专业稳健的理念、敢为人先的气魄、锐意进取的勇气和干事创业的精神，在寿险市场激烈的竞争中厚积薄发，赢得了自己的一席之地，并显示出蓬勃的生机和活力。

迈向未来新的十年

十年风雨兼程，打造了泰康品牌；十年开拓进取，铸造了泰康辉煌。面对新的十年，泰康人又迎来了第三次千载难逢的发展机遇。

1996年，泰康人寿获准批筹，获得发展良机，泰康从无到有，抓住了第一次发展机遇。

2001年，中国加入WTO，泰康进入快速发展期，三年迅速完成全国机构网络布局，泰康从小到大，经历了第二次发展机遇。

2006年，是国家"十一五"规划开局之年。"十一五"规划的核心思想就是启动内需，让消费真正成为经济的发动机，"买车、买房、买保险"将成为新的消费潮流。今年又恰逢《国务院关于保险业改革发展的若干意见》（又称"国十条"）颁布，此文件的下发具有划时代的意义，加上保险资金运用的放开，中国保险业迎来了又一个发展的春天。今年更恰逢泰康十周年，我们处在一个承上启下的历史关头，泰康人寿借着"十一五"规划和"国十条"颁布的东风，又迎来了第三次发展的大好机遇。

如果没有抓住这样的历史机遇，我们会成为历史罪人。因此，新的十年，新的开始；新的十年，新的梦想。我们将重新调整公司未来十年发展的愿景、目标和战略，重新制定新的五年规划和十年纲要。

未来十年，我们的愿景是：将泰康建设成最具亲和力、最受市场青睐的大型保险金融服务集团。第一个十年，公司的愿景是：成为最具亲和力、最受市场青睐的专业化保险公司。在迈向第二个十年之际，我们有信心也有实力向市场宣布：我们在未来五到十年，将公司建设成最具亲和力、最受市场青睐的大型保险金融服务集团。什么是大型保险金融服务集团？就是专业化的寿险加上专业化的资产管理。专业化的寿险包括个险事业部、员工福利计划事业部、养老金公司、银行保险事业部、健康险事业部、网络和创新渠道和大后援中心；专业化的资产管理是指以国际一流资产管理机构为参照标杆，以管理泰康集团资产为主，稳步发展其他方委托管理业务，大力开发以固定收益类资产为主体的战略投资，切实推进投资市场国际布局，逐步实现人才、业务管理的国际化，致力于成为国内一流、国际先进的投资管理机构，为企业和个人提供全面的投资理财和资产管理服务。

未来十年，泰康就是要做创新的领导者，做专业化的领导者，引领保险行业的发展方向，倡导建立行业的规则，致力于营造规范的市场环境，探索新的销售模式。我们将继续为客户提供专业化的产品和服务，为业务员提供专业化的训练和销售支持，为员工提供专业化的培训和训练；我们将继续倡导保险就是安排人们未来健康、幸福、美满的新生活，继续倡导现代新三大件"买车、买房、买保险"的消费理念，继续倡导保险就是一种新的生活方式。我们坚信，在未来十年，通过全体泰康人的努力奋斗，我们一定能够更多地掌握市场话语权，真正成为市场的领导者。

未来十年，我们立志打造一个响当当的泰康金字招牌。一个企业的成长，三年决定生死，五年打下基础，八年站稳脚跟，十年小有品牌，二十年才能成长为参天大树。泰康十年的发展历程，一次又一次地证明，我们从来不自命不凡，我们从来不好高骛远。泰康新的愿景、目标、战略和规划，是在对中国保险业发展形势进行深入分析后做出的清晰判断和历史选择。因此，所有泰康人都要把思想统一到这个宏伟蓝图上来，以"国十条"的出台为契机，抓住这一难得的历史机遇，鼓足干劲、群策群力、加快发展，当仁不让地成为市场领导者，真正把泰康人寿建设成最具亲和力、最受市场青睐的大型保险金融服务集团。我们立志再用十年时间，让泰康真正成长为一棵参天大树，让泰康真正成为中国保险市场一块响当当的金字招牌。

肩负时代新的使命

十年泰康，已经小有品牌，小有成就，这是全体泰康人勤劳和智慧的结晶，也是我们全体泰康人的骄傲和自豪。十年后的泰康，有机遇，也有挑战。随着中国保险市场完全放开，未来的竞争将更加激烈。我们有着过去十年的辉煌，同时也肩负着时代赋予我们的新的使命，肩负着1000多万个家庭对我们的关注和期盼。要想成长为参天大树，要想实现我们新的愿景和目标，任重而道远，我们必须耐住寂寞，苦练内功。

十年的发展过程中，泰康人积累了丰富的经验和财富，其中最为珍贵的是，有一种精神，一直在给予我们力量，有一种精神，一直在激励我们前进。那就是：坚持稳健经营的理念，坚持专业化的战略，坚持干事创业的精神，坚持学习创新的态度，坚持以人为本的企业文化。这五个"坚持"，就是我们伟大的"泰康精神"。在泰康十年发展历程中，每一个发展阶段，每一个历史关头，无论面临多大的困难与挑战，我们都是在这种"泰康精神"的凝聚和感召下，把握住了市场给予我们的每个机遇。因此，在未来十年，我们要承上启下、继往开来，让"泰康精神"永远鼓舞我们从一个辉煌走向另一个辉煌。

第一，我们要继续坚持稳健经营的理念。稳健经营是国际金融业成功立足和永续发展的核心原则，也是泰康人的一贯作风。未来十年，我们必须坚持这项原则，做到财务稳健、信守诺言、优质服务。财务稳健就是建立资本节约型公司，看好客户的每一分钱；信守诺言就是以诚信为本，合规经营；优质服务就是以一贯的服务品质赢得客户和市场的尊重。

第二，我们要继续坚持专业化的战略。专业化是公司始终坚持的核心战略，公司强调寿险运作的专、精、深，注重提升专业化经营能力、管理能力和销售能力，塑造专业品牌，提供专业服务。因此，未来十年，我们要更加注重市场细分，加强机构分类管理，加强区域市场开拓；我们要更加注重培养专业化人才；我们要更加注重提升专业化管理水平；我们要更加注重提升专业化服务水平；我们要更加注重以家庭保障计划为核心的产品创新。

第三，我们要继续坚持干事创业的精神。这是泰康人成就十年辉煌的法宝，也是泰康人在实践中形成的共同价值观和续写未来十年新篇章的宝贵精神财富。未来十年，我们提倡：发扬爱司敬业的职业经理人精神；发扬敢打敢拼、不畏艰辛的创业精神；发扬众志成城、战无不胜的团队精神。

第四，我们要继续坚持学习创新的态度。创新可以使公司永远保持强大的发展活力，泰康人对创新有自己的独到见解，我们认为，创新就是率先模仿。十年来，泰康人跳出陈旧的思想观念，找国内外最好的企业进行学习和模仿，走出了一条从率先模仿到自主创新的发展道路。在新的十年，我们仍然要坚持学习创新的态度。没有创新，就没有活力；没有创新，就没有发展；没有创新，就不可能做大做强。

第五，我们要继续坚持以人为本的企业文化。泰康以人为本的企业文化主要体现在"舞台理论"和"同志+哥们儿"的团队关系。泰康是一个舞台，这个舞台是巨大的、无限的。泰康的舞台理论是最人性化的概念，她不会制约人的积极性和创造性，她会给每一位渴望成功的人提供一个展示自我、提升自我、成就自我的广阔舞台。公司舞台的扩大，就意味着个人舞台的延伸。在泰康，你无法预测你的事业有多大，泰康会让你实现梦想，成就事业，塑造你的辉煌人生。

"同志+哥们儿"是泰康的团队关系原则，融合中西管理之长。泰康员工与领导的关系就是"同志+哥们儿"：同志之间要讲规矩、讲制度、讲原则；哥们儿之间则是讲情讲义，具有共同的价值观和梦想，为人亲和，互敬互爱。同志在前，哥们儿在后，这就是东西方文化的优良组合。

泰康十年，风雨十年，艰辛十年，奋进十年，辉煌十年。十年，一个时代的跨度，留下了泰康人辛勤的汗水和坚实的足迹，这是中国保险业快速发展的真实记录，也是中国经济和金融崛起的真实写照，同时也是一代中国人追求和实现中国梦的历史见证。

我们坚信，中国人的梦想就是让城里人过上中产阶层的生活，让农村人过上城里人的生活。中国梦正在敲击着每一个中国人的心扉，中国梦正在唤起每个人对未来生活的憧憬，而没有保险的呵护，中国梦是不能实现的，保险正在成为中国梦的一个重要组成部分，这是我们泰康人对现今社会的理解、对保险的理解。我们致力于让保险成为人们未来的一种新的生活方式，让保险成为人们生活的一部分，让保险推动新时代中国梦的实现。

这是一个令人艳羡的时代，一个充满机遇的时代；这是一个属于我们国家和民族的时代，一个属于我们保险业和保险人的时代。所有泰康人都要承载起这个伟大时代的使命，那就是在充满机遇与挑战的全球环境里，创造出属于自己，属于这个行业，属于这个社会，属于这个国家的辉煌业绩来。让我们以更豪迈的气势和昂扬的精神，共赴征程，携手开拓，立志"走创新发展之路，铸保险特色品牌"，共同创造保险业美好的明天，共同迈向未来新的十年！

成就伟大梦想，建设美好家园[①]

今天，我们在北京会议中心隆重庆祝我们泰康十五周年华诞。司庆之际，喜讯频传：相关领导来司视察，高度肯定了泰康十五年来所取得的成就，揭开了司庆序幕；中国美术馆的"泰康收藏展"渲染了泰康厚重的文化底蕴；昨晚，在北大百年讲堂举办的文艺汇演，泰康伙伴自编自导、载歌载舞，精彩绝伦，用一颗热爱泰康的心，将司庆系列活动推向高潮。今天，大家翘首以盼，欢聚一堂，见证这激动人心的时刻，共同回顾历史、展望美好的未来。

十五年风雨兼程，十五年开拓创新，每一步都历历在目，犹如昨日。忘不了在电话中听到牌照获批时的激动，忘不了收到第一张保单时的兴奋；忘不了敦煌之旅无边的驼队，忘不了钓鱼台之夜悠扬的琴声；忘不了巴厘岛我们身着统一服装，吹响再造泰康的冲锋号角；忘不了亚龙湾我们激情释放，见证了业绩翻番的辉煌。现实比梦想更伟大，时代让理想绽放光芒！

---

① 2011年，陈东升在泰康人寿十五周年司庆典礼上的讲话。

附录

十五年来，泰康从无到有，从小变大，由弱变强。时代赋予我们机会，泰康长大了；全体伙伴倾情奉献，泰康变强了！源于梦想和责任，泰康诞生、成长、壮大；源于热爱，所有泰康伙伴托起了我们今天美好的家园。在伟大的时代，付出热血才能成就辉煌；有伟大的梦想，付诸努力才能变为现实。

梦想和成就——五年的脱胎换骨

自诞生之时，泰康人就置身于改革开放、民族振兴、行业发展的伟大梦想中，感恩时代好、命运好、机会好赋予我们的责任。因时而生、因市而兴、因势而变，有理想和抱负成为泰康人的特质。让我们一起，共同回顾和总结这十五年的梦想与成功之路。

可以说，经过十五年的蜕变，泰康已是业务多元、持续盈利、具有综合竞争能力和实力较强的大公司。从小到大、由弱变强、从传统寿险公司走向新兴多元寿险集团应该是十五年来，特别是这五年，公司脱胎换骨的变化和最辉煌的成就。

今天，我们管理资产超过3500亿元，十五年复合增长率达51%，是五年前的6倍；今年总保费预计突破900亿元，十五年复合增长率达53%，是五年前的5倍；市场占有率从五年前的4.9%提升到8.2%，有效风险保额达3.5万亿元。

今天，我们的网络遍布大江南北，我们的服务延伸至乡村街道，2000多万家庭与泰康相连，30万伙伴为泰康奉献。我们在全国拥有35家分公司、270家中心支公司、超过4000家营业网点，同时旗下拥有泰康资产、泰康养老、泰康之家三家公司。

今天，我们积累了6300万客户，承保有效保单超过1500万张,电话服务累计超过3000万人次,累计赔付773万人次,累计赔款达到79亿元,回馈社会的捐赠和赞助公益事业款项达1.67亿元。

我们已具备持续盈利能力。我们的净资产从创业之初的6亿元增长到150亿元,五年来,增长了近8倍。净利润连续五年保持30亿元左右。五年来,新单价值增长近6倍;偿付能力连续十五年始终保持充足,净资产回报率一直处于行业的前列。

我们已具备全面的业务线和完善的组织构架。从传统寿险的个险、团险、银保,到电话网络销售、健康险、养老金、资产管理、养老社区等新兴业务并举,我们的组织从单一寿险公司迈向寿险、年金、健康险、资产管理、养老社区并重,事业部和子公司相结合的集团构架。

我们已沉淀了一批优秀人才。我们是具有国际视野的公司,40%以上的高管是来自海外的国际人才;我们是专业化公司,有国际认证精算师23人,核保核赔人才近千人,管理者,即专家型人才占比30%以上;我们是年轻有朝气的公司,30岁以下员工占比50%,大学本科以上学历占比57%;我们是具有强大竞争能力的公司,投资团队中博士和硕士占比77%,投研团队中80%以上来自海内外名校。

我们已具备较强的综合服务能力。客户投诉率始终保持市场最低,公司已形成网络、电话、柜台、员工"四位一体"的客户服务体系,为客户提供全方位服务。

我们的风险管控体系基本完善,行业领先。公司建立了以"经济资本"为核心,三位一体的风控体系及风险管理信息系统。在业务快速发展的同时,确保风险与收益的平衡。

我们已具备较强的品牌"软实力"。我们已签约亚洲首个网球大满贯冠军李娜作为代言人，连续四年在央视进行战略性广告投放，在全国所有分公司、80%的中心支公司所在地设立了户外广告大牌。我们在行业内、在市场中，树立了健康、时尚、亮丽的差异化品牌形象。

同时，从传统单一寿险公司走向新兴多元寿险集团，奠定了泰康以价值为核心、构建多元利润池、迈向又大又强公司的框架体系。

十五年来，公司发生了翻天覆地的变化，我们抓住了每个战略机遇期，超常规跨越式发展；我们把握快速发展不失稳健、稳健经营不乏创新，实现了规模、效益、风险管控齐头并进。近五年是十年积累后，由量变到质变的五年；是公司面向市场、面向未来，探索新兴业务和多元架构的五年；是为新三年、新五年、新十五年奠定坚实基础的重要五年。

追溯十五年，回眸近五年，在取得成就的背后，是我们沉淀积累的经验和体会。

思想理念创新，把握保险市场话语权。从"一张保单保全家""买车、买房、买保险"到"买保险就是尊重生命"，再到"从摇篮到天堂"，我们深切地透视和理解了中国经济、社会的变迁，抓住中产阶层崛起和新的生活方式，使我们具有强大的市场话语权和感召力。

优异的国际化治理结构。这是公司核心竞争力的根本保证。泰康是中国金融业第一批国家正式批准引进外资的企业之一，第一家治理结构全面和国际接轨，率先执行 CEO、独立董事制度的公司。

以专业为核心的文化价值体系,争做市场的好学生。泰康最具特质的文化标签就是:专业、稳健、创新。对"专业",我们一直怀着神圣的如宗教般的崇拜感;"稳健是本,创新是源",我们做事规矩,有强烈的道德底线,我们创新求变,推动行业发展。做市场的好学生,实事求是,与时俱进,贴近市场,是我们不变的追求。

强大的投资能力。公司打造了一支市场一流的投资团队,建立了科学高效的投研管理体系;始终坚持以平台吸引人才、以文化培育留存人才、以人才创造业绩的策略,充分发挥团队精神,投资纪律严明,奉行"研究驱动投资,投资创造价值"的理念,敏锐地把握市场波动,坚持价值投资,创造了连续八年投资收益率名列行业前茅的优异业绩。

面向未来的利润池架构。个险、银保、资产管理已为公司提供持续、稳定的核心利润来源;公司正在构建面向未来的创新、健康险、养老金、养老社区等新兴业务板块,形成有主有次、有先有后、有纵深的利润池架构。

深耕寿险产业链,养老社区的颠覆性创新。投资是短期套利行为,养老是中长期行为,而养老社区是终身行为,保险、投资、养老与养老社区的结合带来了产业的颠覆,成为人类保险历史上的伟大嫁接、革命性创新。

十五年弹指一挥间,时代造就伟业,梦想成就辉煌。历史的年轮和时间的沧桑沉淀了无数珍珠般美丽的记忆,我们分享智慧和思想的光芒,感受文化的力量;我们分享成功的喜悦,感受财富的魅力。我们一起创造财富、分享财富;我们践行着服务中产阶层、带头迈入中产阶层、享受中产阶层生活的梦想,就是体面的职业、稳定的收入、健康的体魄、充足的闲暇，周游世界。我们沐浴了马来西亚的阳光，我们感受了巴黎的浪漫，我们见识了夏威夷的风情，我们领略了澳大利亚的狂野，我们体验了埃及的古老文明，我们用勤奋和劳动创造财富，我们用财富去享受新生活！

我们让表现卓越的员工获得荣誉，我们用股权计划和留才计划激励员工，我们用企业年金让所有员工无后顾之忧。我们用"千人计划"吸引优秀新人，我们也不会亏欠老员工，让每一位伙伴感受到分享的喜悦。

我们分享应对挫折和挑战的经验，感受战略的力量。十五年的成就并非一帆风顺，十五年的历程布满坎坷和风霜！高歌猛进后，我们遭遇了结构转型的阵痛，但也练就了职业经理人以完成任务为天职的零点精神！井冈山的竹海里，我们重温燎原的星星之火，看到了组织建设、组织发展的曙光；延安的窑洞中，我们感受了革命的艰难曲折，明确了县域保险的主张；在改革开放前沿的深圳，我们实事求是，探寻真理，坚定了价值经营和创新的方向；在冰天雪地的亚布力，我们破冰前行，乘风破浪，开启了新三年战略的宏伟篇章。

我们分享作为公民的使命感和价值观，感受责任的力量。社会上的每一次重大事故，我们都感同身受，勇于担当。温州动车事故、伊春空难，甚至遥远的巴西发生空难时，我们都在第一时间核对客户信息，及时履行赔付责任。每一次重大灾难来临时，我们都全力以赴、挺身而出。1998年洪灾、2003年非典、汶川地震、玉树地震等等，我们用温情和绵薄之力抚慰受伤的心灵。我们积极投身公益事业，为八所著名高校提供奖学金，鼓励莘莘学子勤学奋进；我们为国庆 60 周年庆典的首都游行群众捐赠保险，保驾护航；我们赞助中国经济理论创新奖，鼓励原创性学术研究；我们设立丘成桐中学数学奖，培养中国未来的"诺贝尔"和"居里夫人"。

此时此刻，我们细述每一份分享，相信在场所有泰康伙伴和我一样，感受到一个强大的声音冲击着我们的心灵，从心底涌出两个字：感恩！感谢和感恩这个伟大的国家和时代，时势造英雄，泰康愿做优秀的企业公民，争当改革开放大潮的排头兵；感谢和感恩全体股东和董事，感谢你们的信任和支持，你们既是公司的一分子，也是我们最坚强的后盾；感谢和感恩所有的客户，你们的信赖和支持，是我们发展最大的动力；感谢和感恩监管部门和领导，你们的关爱和呵护，让我们健康成长；感谢和感恩新闻界朋友的支持和关怀，你们的声音让我们时刻警醒，戒骄戒躁，谦虚谨慎。

最为重要的是，在此时此刻我要感谢和感恩全体泰康伙伴，正是你们的辛勤劳动，把我们的家园建设得更加美好！前线的伙伴，风霜雨雪，披荆斩棘，功勋卓著！后台的伙伴，默默无闻，任劳任怨，无私奉献！还有你们的家人，甘做无名英雄，让家更稳固，让爱永无忧！

展望未来——建设美好的家园

辉煌的过去已成为历史，我们憧憬更美好的未来。面对挑战与机遇并存的新时代、新形势、新市场，泰康明确了未来的方向，清晰了新三年、新五年、新十五年的新航标。

中国已是全球最大的新兴工业化国家，我们正处在工业化的中后期、城市化的巅峰期、经济结构服务化的转型期。在这个时代背景下，保险业迎来了县乡保险、多元行销和银行保险，理财时代的三大潮流进入新的黄金发展期。整个社会都在转变增长方式，必将带来保险业经营方式、服务方式、市场拓展方式的全面转变，行业将进入多元行销、专业行销和职业化行销时代，市场呼唤"业务好、财务好、服务好"三好公司的到来。

对于未来的发展方式，我们曾经感到困惑和彷徨。在亚布力会议上，我们反复探索，追寻真理，最终达成共识：坚定转变经营方式，全面开启价值时代。国家和行业"十二五"规划的出台，更坚定了我们走价值经营之路。面对新的战略机遇期，我们重新明确了未来的使命、愿景和规划。

我们的使命是：融入21世纪大众生活，深耕寿险，致力于为客户提供"从摇篮到天堂"卓越的保险金融产品和服务，帮助人们安排健康、幸福、美满的新生活。

我们的愿景是：专业化、规范化、国际化经营，吸引、发展、激励和留存杰出人才，成为最具亲和力、最受市场青睐、全球领先的大型保险金融服务集团。

未来十五年，我们的规划是：立足本土、放眼全球，建立以价值为核心、市场前三的领袖型企业；从资产国际化，逐步发展到投资和保险业务国际化，力争用十五年时间，建设成全球领先的保险金融服务集团。

实现宏伟目标，我们坚定以价值为核心，转变经营方式，从价值、客户、队伍、机构、产品打造综合竞争力；我们坚定走专业化道路，深耕寿险产业链，从摇篮到天堂，成为人们生活的一部分；我们坚定奉行人才立司，打造人力资源大公司。

以客户为中心,建设"服务好"公司。什么是"服务好"？就是能够全面满足客户需求,让客户感受到公司舒适、便捷、安全、可靠的服务。以客户为中心,进行市场细分、服务细分、产品细分,提供专业化、个性化的产品和服务,实现差异化；同时满足客户全方位、多层次需求,进行综合服务。公司对客户平台进行全面整合,将客户二次开发、交叉价值最大化,实现一个客户、一个窗口、一个泰康。

全面整合中后台,打造综合盈利能力。以产品为中心,满足人们不断变化的对寿险医疗、养老、保障与理财结合的综合需求,进行渠道、价值、财务、投资、风控、市场的价值体系整合,形成成本控制中心、风险管控中心、产品开发中心、投资利润创造中心,降低成本、提高经营效率,从而全面打造公司综合盈利能力。

人才立司,打造人力资源大公司。人才是实现公司宏伟目标的立足点,是实现公司战略最根本、最关键的因素。人才立司,我们要打造职业化销售大军,建设销售体系,提升销售能力。我们要帮助销售伙伴持续积累客户、提升专业技能和销售能力、持续提高收入,成为高专业素质的职业化大军。什么是职业化？就是把销售保险作为谋生手段,作为终身职业；构建销售文化、销售管理、销售培训、销售支持、销售人力发展和销售荣誉六大体系,将销售队伍建设成高留存率、高活动率、高继续率、高收入的"四高"团队,最终建立强大的市场竞争力。人才立司,我们用"千人计划"吸引优秀毕业生,让你们成为公司未来的栋梁；我们不断完善薪酬福利体系,让员工更有价值地贡献力量；我们对员工进行全方位、多层次的培训,让你们适应未来竞争的需求；我们进行团队建设，从领军人物、班子建设到核心团队，形成公司未来核心人才梯队；我们关注年轻员工的成长，让你们在泰康这个大舞台施展才华，成为公司未来的中坚力量；我们要坚定关注一线销售伙伴和基层员工，你们默默无闻、辛勤付出，一同成就了泰康今天的辉煌，你们是泰康真正的脊梁、真正的价值所在、真正的希望！

泰康的未来属于年轻人，我们鼓励大家脚踏实地、用心做好每件事；我们鼓励大家刻苦钻研、提升自我；我们鼓励大家脱颖而出、实现价值；我们也倡导年轻人走向基层，在磨炼中成长，你们的明天和泰康一样灿烂！泰康一直是有理想、有责任、有特质的公司，国家和行业赋予的时代使命，让我们立志成为"业务好、财务好、服务好"的三好公司。销售能力提高了，才能业务好；综合经营效率提升了，才能财务好；只有客户满意了，才算服务好。

我们不满足于做一家三好公司。伟大的企业有两种：成为国家象征，代表一个国家；或者，成为人们生活中不可或缺的一部分。泰康立志要成为人们生活中不可或缺的一部分。什么叫"人们生活的一部分"？就是我们的保险要普及千家万户，当每十个中国人有一个是泰康客户的时候，我们就敢说自己是人们生活中的一部分。什么叫"不可或缺"？当千万家庭将生老病死、一辈子的幸福托付给我们的时候，而且祖祖辈辈、子子孙孙不离不弃、依赖我们的时候，我们就成为他们生活中不可或缺的一部分。

泰康将深耕寿险产业链，为客户提供"从摇篮到天堂"的保险金融产品和服务。高举中产阶层新生活方式，抓住理财时代，将投资、养老、养老社区相结合,将健康、医疗、保障、养老相结合,打造未来两大核心链条,拉长寿险产业链,赢得和锁定中高端客户,将养老金和养老消费融为一体,引导老年人追求有尊严、有品质的新生活,帮助人们实现一辈子的幸福。童年的纯真、少年的狂野、中年的潇洒、老年的神闲,让每一个中国人奏响人生的完美乐章!

今天,我们一同重温了昨日的成功与喜悦,共同展望了未来的目标与蓝图。过去的十五年,我们从小变大,由弱变强,建立了面向未来的核心竞争能力和综合实力;未来十五年,我们立志建设三好公司,成为人们生活的一部分。为实现新三年、新五年、新十五年的宏伟目标,让我们团结一心、携手奋进,共同建设我们美好的泰康家园!

让保险闪耀人性的光辉，让生命的旅程流光溢彩[①]

此时此刻，我们怀着无比激动的心情，再次相聚在庄严、神圣的人民大会堂，共襄盛举，共庆伟业。

十年前，我们也站在这里，那时的泰康还是一个以个险和法人业务为主的单一人寿保险公司。一路走来，我们建机构、扩队伍、聚客户，奠定了做大做强的坚实基础，为中国寿险业增添了一支特色鲜明的新军。

泰康十五年，我们从小到大、由弱变强，面向市场、面向未来，积极探索新兴业务和多元架构，完成了泰康资产、泰康养老、泰康之家等重要子公司的布局，医养事业开始孕育和萌发。

二十年后的今天，我们再次相聚人民大会堂，感慨万千：现实比理想更加灿烂，更加伟大！我们管理资产突破 1 万亿元大关；我们以大个险为核心的规模保费突破了 1000 亿元，成功完成价值转型，踏上了持续、健康、稳定发展的康庄大道。去年我们的税后利润突破百亿元，今年新单价值百亿在望，我们迎来了

[①] 2016 年，陈东升在泰康保险集团二十周年庆典上的讲话。

新单价值和税后利润的"双百亿时代"。更重要的是，我们已经脱胎换骨，不仅仅是一家传统的人寿保险公司，我们形成了保险、资管、医养三大核心业务板块，实现了以生命为主体的全产业链布局，正在迈向以大健康为核心的创新型保险金融服务集团。

泰康二十年，大树参天

一个企业的成长，三年决定生死，五年打下基础，八年站稳脚跟，十年小有品牌，二十年才能成长为参天大树。

今天的泰康已然大树参天，根深本固、枝繁叶茂。二十年，我们构建了庞大的销售体系，5家子公司、36家分公司、286家中心支公司和4200多个拥有金融牌照、遍及全国的销售服务机构，全网络覆盖。个险、银保、电话销售、保险经纪、互联网、法人，全渠道布局，销售队伍超过50万人。

二十年，我们铸就了投资的金字招牌，投资回报连续十三年行业领先。我们是京沪高铁、西气东输等国家基础设施建设的重要投资者，是地方经济和社会发展的重要支持者，更是现代服务业基础设施的投资者和建设者，真正体现了保险是国家现代治理结构的重要组成部分。

二十年，我们抢抓了互联网先机，"互联网+保险"开启新篇，泰康在线成为第一家大型险企发起设立的互联网保险公司，"微互助""飞铁保"等产品，创新不断。"保险+互联网"持续推进，实现了销售、承保、理赔全流程互联网化，云计算、大数据全面武装，"左手抱右手"初见成效。

二十年，我们积累了庞大的客户群体，我们累计服务的客户数达到1.77亿；我们累计赔付人次达到1393万，累计赔付支出238亿元人民币，为信赖泰康的客户撑起了一片蓝天。

二十年，我们让每一位员工分享成长的果实。我们用"千人计划"吸引优秀新人，我们用"中青班""世纪组训"培训核心骨干。我们用"世纪圣典"激励销售精英，我们用员工持股计划打造合伙人制度和精神，我们建设泰康商学院激发创新思想、培养人才。

二十年，我们积极承担企业公民的责任。我们累计上缴税款265亿元，特别是去年，位列北京市缴纳地税前四名，为国家经济腾飞和社会发展持续贡献力量。我们累计捐赠公益善款超过3.5亿元，在祖国和人民的每一个危难时刻，我们都挺身而出，责无旁贷。

回眸二十年，我们坚持市场化、专业化、规范化、国际化，"快速发展不失稳健，稳健经营不乏创新"，真正做到了快速、稳健、创新三者相平衡；我们因时而生、因市而兴、因势而变，抓住每个战略机遇期，实现了超常规跨越式发展；我们打造了伟大的销售队伍和一流的投资能力，双轮驱动，推动我们的事业向前发展。

我们深深了解这个国家和民族，我们真正融入经济发展的大潮，创造了新兴市场中保险公司发展的成功典范。

我们深深了解人寿保险这个行业、金融企业，对资本和偿付能力有着极高的要求。我们依靠自身资本积累，支撑公司业务快速发展，并始终保持偿付能力充足，为新战略的布局奠定了坚实的资本基础。

我们深深了解企业的本质，只有创新才能永葆活力。泰康三波创新浪潮，与时代背景相契合，与公司战略相匹配。从产品到服务，从理念到商业模式，创新是流淌在泰康血脉中的根本基因。

泰康二十年成长，得益于"时代好、命运好、机会好"。因为时代好，泰康身处飞速发展、创造奇迹的改革开放伟大年代。因为命运好，泰康选择了人寿保险这个充满活力和人文关怀的朝阳产业。因为机会好，共同的信念让我们走在一起，上下同欲、从不折腾，目标纯正、心无旁骛，共同打造了泰康美好的家园。

我们感谢和感恩这个伟大的时代和伟大的国家，只有在伟大的时代才有机会成就事业，只有在伟大的国度我们才敢于追求梦想。

我们感谢和感恩全体股东、董事和监事，你们长期的信任和支持，是公司发展最坚强的后盾。

我们感谢和感恩所有的客户，你们是公司的衣食父母，你们的认可和满意，是公司发展最大的动力。

我们感谢和感恩监管部门及各级政府，抓服务、严监管、防风险、促发展，让我们时刻警醒，发展步子走得更扎实、更稳健。

最重要的感谢和感恩要献给全体泰康伙伴，你们以及你们的家人是泰康事业的栋梁，更是泰康事业的未来！

尊重生命，关爱生命，礼赞生命

我们这一代人出生在充满激情的岁月，经历了改革开放前后两个时期，参与了从计划经济向市场经济转型的全过程。我们始终保持了强烈的家国情怀，立志要为人类文明奋斗终生。对世界经济格局的洞察使我们更坚信，强大的国家必须有一批强大的企业，产业报国成为我们人生的奋斗目标和坚定选择。创办人寿保险公司，源于对国家、对民族的责任，更源于以人为本的理念和对生命的敬畏。

自从事保险这个行业开始，我们就一直在思考与生命相关的核心议题。泰康二十年，对保险的理解，实现了从家庭保障功能到一种生活方式，再到尊重生命的思想和认知升华。

2003年，非典时期，我们为北京抗击非典的医护人员赠送了专项保险，一位医生不幸被非典夺去了生命，我们给他的家人送去了保险理赔金，更送去了一份温暖和对未来的希望。我们说，保险是"为爱尽责，让家无忧"。

2008年，汶川地震中，一位很有孝心的女孩不幸遇难，她生前买了我们的"吉祥相伴"产品，因为父母离异，在地震前一个星期，她做了受益人变更，说万一出事，理赔金父母一人一半。当我握着她父母的手，把理赔款送给他们的一刹那，从我的心底里迸发出一个充满力量的声音：买保险就是尊重生命！

九年前，我们开始筹划把公司的战略延伸到养老实体领域，我带着团队考察了很多国家和各种形态的养老模式。2009年，我们专门把公司的董事会开在了美国，专程考察养老社区，我们看到了这样一幕：95岁的老先生在跑步机上锻炼；一群打扮时尚的老太太在练站姿、跳芭蕾；还有一位开朗的百岁老人，戴着二战时期的护士帽，思维敏捷，开怀大笑……这对我触动很大，我感受到东西方文化的巨大的差异：我们中国的老年人大多质朴节俭，往往为了儿孙省吃俭用，一切为了下一代。这是一种传统美德，但是在现代社会，我们一定要改变他们的这种观念，让他们也能自信、快乐、优雅地老去。

于是，我下定决心一定要把这种养老方式带到中国，来改变我们中国老年人对生命的态度和认识。今天，"活力万岁、生命万岁"的一幕幕美好画面，已经出现在了泰康的燕园、申园，未来还会出现在粤园、蜀园……

生命如此美好，我们的事业如此光荣！我们回归生命本源，拓展了保险的边界，丰富了保险的内涵，也升华了对生命的理解：我们就是要尊重生命、关爱生命、礼赞生命，我们就是要让人生的每一个乐章流光溢彩！

展望未来，泰康依然是奔跑的少年

泰康的发展理念，源于二十年前的一份初心，持之以恒，不断升华。我们经常说，节能、环保、人文关怀是本世纪的三大潮流，我们从事的人寿保险是最具人文关怀的事业。中国正在面临深刻的经济转型，从工业化向后工业化转型，从制造业向服务业转型，从投资出口向内需消费转型。社会经济结构的重点也从衣、食、住、行向娱、教、医、养转变。泰康紧扣时代主题，是最具人文关怀的伟大产业的领跑者和这个使命的开拓者。

二十年的泰康不仅是一棵参天大树，二十年的泰康依然是一个奔跑的少年。我们对未来满怀憧憬，我们的新事业才刚刚起步。

未来三年，泰康将全面实现集团化管理，充分发挥子公司的企业家精神，源源不断打造新的业务和利润增长点；未来三年，泰康致力于成为一家公众公司，打造强大的创新能力、盈利能

附录

力；未来三年，泰康将挺进世界500强，成为行业内最具影响力的品牌。

未来五年，保险业务要高速发展，跑赢对手，市场领先；未来五年，资管业务要保持竞争优势，成为世界一流的投资品牌；未来五年，医养业务要覆盖核心经济地带。

未来十年，医养业务要完成全国化布局，成为中国医养第一品牌，让"四位一体"创新商业模式落地开花、根深叶茂，真正成为全球范围内的创新者、示范者和领导者。

为了实现宏伟目标，我们要以创新为动力，全力发展保险、资管、医养三大业务板块，打造全生命周期的垂直化产业链，打造从"摇篮到天堂"的商业模式。形成全生命周期、"活力养老、高端医疗、卓越理财、终极关怀"四位一体的垂直闭环。长长的坡、宽宽的道、厚厚的雪，滚世界上最大的雪球。

——人寿保险和全国连锁的养老社区相结合，全力推进医、养、墓全国化。重资产树立行业标杆，轻资产培育服务品牌。打造保险支付和养老服务间的第一个闭环，让人们更长寿。

——健康保险和大健康医疗体系建设相结合，建立强大的支付能力和强大的控费体系，以医教研一体的中心医院为依托，全力建设全国连锁的医疗服务网络和体系，大力发展健康管理和健康服务，打造保险支付和医疗服务间的第二个闭环，让人们更健康。

——最大的退休金管理者与公司强大的投资业务相结合，依托一流的投研团队和投资业绩，形成退休金、客户理财与财富管理间的第三个闭环，让人们更富足。

三个闭环相结合，最终形成涵盖"从摇篮到天堂"全生命周期、"活力养老、高端医疗、卓越理财、终极关怀"四位一体的垂直大闭环体系。

我们描绘的不仅仅是一幅美丽的蓝图,我们在开启一项伟大的事业:我们把自己融入追逐中国梦的伟大征程,我们要用市场经济的方式和方法,全心全意为人民服务。我们要用市场经济的方式和方法,实现我们心中的中国梦!

我们的定位是:为日益增长的中产人群及家庭提供全方位健康和财富的管理与服务。

我们的愿景是:坚持专业化,深耕寿险产业链,从摇篮到天堂,让保险更便捷、更实惠,让人们更健康、更长寿、更富足,让泰康成为人们幸福生活的一部分!

各位来宾,各位朋友,各位亲爱的泰康伙伴:我们的事业以人为本,我们的事业无比高尚!泰康星光大道的精英代表们已经向全行业发出了"杜绝误导、诚信销售"的铮铮誓言。我们完全认同,我们坚决支持!我们要把这种信念,贯穿到未来每一天的经营和管理之中,做监管的好学生,做市场的好伙伴。

我们要发扬互联网的创新精神,让我们的客户以最低的成本、最高的效率,获得最优的服务和体验。我们坚信人寿保险这个充满人文关怀的事业,能够得到广泛的社会认同,我们坚信泰康宗教般的信念可以带来新风,引领行业发生巨变。

各位来宾,各位朋友,各位亲爱的泰康伙伴:司庆之际,喜讯频传,中国保监会正式批复设立泰康保险集团股份有限公司,这充分体现了保监会领导对泰康的亲切关怀和殷切期望;全系统各板块、各业务线更是以实际行动、用超越历史的辉煌成绩,为司庆献上了一份份厚礼。

今天的星光大道璀璨无比，59位"泰康之星"是泰康伟大销售队伍的杰出代表和骄傲，未来必将书写更大的辉煌！今天的授勋表彰无上荣耀，218位泰康功臣是泰康专业团队的典范，未来必将贡献更大的力量！今天的"感动人物"实至名归，11位泰康模范是泰康家园精神的代表，未来必将获得更大的幸福！

泰康的二十年与我们伟大的国家一样，走过了不平凡的历程。中国崛起的宏大背景下诞生了泰康这样一批有理想、有抱负、敢作为、敢担当的行业骨干。我们的事业与人的生命、健康、财富紧密相连，我们要让保险闪耀人性的光辉，我们要让生命的旅程流光溢彩！

初心不改，商业向善，
全面推进长寿时代泰康方案[①]

今天是泰康保险集团二十五周年华诞。上午，雄伟的泰康保险集团总部大厦正式启用，这座总建筑面积超过18万平方米的新里程碑，前后花了十年时间建造，是一家成熟世界500强企业的标志与象征，是泰康二十五年发展的结晶与最好的见证，也是献给泰康二十五周年最好的生日礼物！

玉琮是距今五千年的良渚文化的典型器物，是祭祀的神圣礼器。我们的新总部大厦的外观就是一座独一无二的"中国琮"，是中国传统文化在现代的延续，意义非凡。我们以此礼敬天地、致敬时代，开启泰康新的未来。

二十五年持续奋斗，时间给了我们最好的答案

二十五年前，伴随改革开放的春风，泰康因时而生，成为《保险法》颁布后首批成立的专业化股份制保险公司之一。我们怀抱振兴民族保险业的梦想，开启了建设专业化、规范化、国际

[①] 2021年，陈东升在泰康保险集团二十五周年司庆典礼上的讲话。

化一流保险公司的道路。

最初的五年，我们不求最大，但求最好，走遍全球20多家世界顶级保险企业取经，学习、汲取全球保险业最先进的文化、公司治理、专业和技术。我们从一开始就站在世界巨人的肩膀上，与国际接轨，构建了整个寿险的框架和体系。

泰康十年，我们融入21世纪大众生活，实现超常规跨越式发展。我们抓住中国加入WTO的战略机遇，引入外资，建立现代企业治理结构，快速完成全国机构布局，奠定了做大做强的坚实基础；我们抓住股权分置改革的战略机遇，坚实地奠定了我们雄厚的资本实力，到现在我们是国内唯一没有让股东额外再增资，更没有出现偿付能力不足的大型保险集团。

泰康十五年，我们开始构建保险、资管、医养三大核心业务体系，从单一的寿险公司走向综合保险金融服务集团。我们坚定发展大个险，推动寿险价值转型，形成了今天银保、新业务和BBC三大独角兽；我们树立了资产管理的金字招牌，开启医养事业的探索与创新，拉开了打造第二增长曲线的序幕。

泰康二十年，我们将虚拟保险与医养实体相结合，让保险闪耀人性的光辉，让生命的旅程流光溢彩。我们开创"活力养老、高端医疗、卓越理财、终极关怀"四位一体的崭新商业模式，为客户提供"从摇篮到天堂"全生命周期的产品和服务。

最近五年，我们坚定以人为本、向生命致敬，坚定推进落实长寿、健康、财富三大闭环，构建日益丰富的大健康产业生态体系，做大支付、布局服务、投资与建设生态、数据科技驱动、打造软实力，提出长寿时代泰康方案，展现了无限的勃勃生机。

五年来，我们坚定地践行泰康成立二十周年时提出的奋斗目标，全面迈进 2.0 时代！

——集团管理资产总规模、营业收入分别突破 2 万亿元、2000 亿元，实现五年翻番。我们连续四年进入世界 500 强，排名快速提升 146 名，今年位列 343 位！

——我们累计服务客户 4 亿人；本月，集团高客数突破 12 万人，牢牢站在金融行业高净值客户第一梯队！在住泰康居民超过 5000 人，我们的第 5000 和第 5001 位泰康居民，曾经是清华大学同届同班同宿舍且是上下铺的两位院士，泰康之家已成为这些共和国建设者安享晚年的理想之所。

——我们累计理赔超 4000 万人次，赔付支出超 900 亿元；我们提供了 80 万人的就业岗位，累计为国家纳税超 740 亿元；我们累计进行公益捐赠 10 亿元，同时成立了泰康溢彩公益基金会，让更多的长者可以安享晚年。我们跟武汉大学签订了 10 亿元捐赠协议，支持武汉大学和我们国家在医学、生命科学和教育等方面的研究与发展。

——每当国家和社会遭受重大灾害的时候，泰康从来都是冲锋在前。去年，面对新冠疫情，我们第一时间捐款捐物捐保险，保护公众、保护客户、保护员工及我们的家人；泰康同济（武汉）医院拆家式改造、火线抗疫，救治了 2060 名新冠肺炎患者；我们发起设立了公共卫生基金，联手哈佛大学等全球顶级医教研机构，开展抗击新冠疫情的学术研讨与经验交流；泰康成为金融业唯一受到党中央、国务院和中央军委联合表彰的全国抗疫先进集体！

五年来，我们的长寿闭环已经成形，正在迈向成熟。我们打造了泰康之家、幸福有约、健康财富规划师三张名片，形成了超级体验式增员、培训、销售的全新营销模式。长寿社区实现24城布局、7城运营，纪念园5城联动，养康宁全国化基本实现，网络化在上海迈出坚实的第一步。今年上半年，燕园、申园历史性实现盈利，泰康独特的商业模式得到了市场的检验！

五年来，我们吹响了健康闭环的号角。我们搭建了多维度的医疗服务体系和网络。泰康仙林鼓楼医院开启了东西南北中五大医学中心建设的步伐；泰康拜博口腔和泰康康复医院构建全国连锁的两大专科体系，险齿结合初见成效；"健保通"链接超过2200家医院。同时，我们坚定做大健康支付，做强健康控费，推进健康险全价值链经营。

五年来，我们夯实财富闭环，强化了泰康投资的核心竞争能力。我们管理资产规模已进入全球100强，位列中国第6。我们已经成为中国最大的退休金投资管理人。我们专注保险资金、退休金、高客资金管理，不断提升长期资金的投资能力。

五年来，我们全面推进集团建设。集团新领导班子亮相，推动管理人员和员工的专业化、知识化、年轻化、市场化、国际化。我们坚定投资与建设生态、数据科技驱动、打造软实力，我们丰富了"零点精神"，铸造了抗疫精神，激发了创新奋斗精神，品牌影响力和社会认同度不断提升。我们坚定推进高效协同，协同共识深入人心，协同机制形成体系。我们持续开展效率革命、精细管理，降本增效；我们坚定风清气正、诚信合规，让商业永续。

同时我们也要看到，近年来寿险业传统的发展模式遭遇瓶颈，全行业都在思考和寻找转型出路。今年上半年，寿险业发展持续低迷，泰康新单价值正增长超过30%。这是泰康商业模式的成功，是泰康战略和价值观的成功，更是全体泰康人勤勉奋斗的成功！

感恩这个伟大的时代，让梦想照进现实，让有梦想的人活得比梦想更精彩！

感谢党和政府以及监管部门的领导与关怀，让我们专注主业、专注专业，行稳致远！

感谢所有的客户及泰康居民，你们的认可与信赖，是支持我们发展最强大的动力！

感谢全体股东、董事和监事对我们一如既往的支持与呵护，你们是公司发展最坚强的基石和后盾！

更要感谢全体内外勤伙伴和你们的家人，你们是泰康事业的合伙人，是泰康事业的建设者，是泰康初心的践行者，泰康的过去、现在和未来都与你们荣耀共存！

初心不改，泰康永远是一个奔跑的少年

初心是长期支撑一个人、一家企业、一个民族向前发展最本质的理想和最原始的动力。

改革开放改变了我们国家的前途与命运，唤醒了无数中国人的梦想与希望。"千里之行始于足下"，1983 年我大学毕业前，在珞珈山的石头上凿下一个"始"字，激情满怀地投入改革的大潮。这就是泰康最早的初心，一个青年立志报效国家，成就一番事业！

1988 年，我在《管理世界》开创中国 500 家大企业评价，认识到"一个国家和民族没有一定数量在国际上数得着的大企业，国家的强盛就无从谈起"，坚定了"实业报国"的信念，立志创立一家世界 500 强企业，1992 年开启申请筹备，历经四年，矢志不渝，泰康终于破土而出。

2007年，我们萌发了进军实体养老服务业的想法，从日本到台湾地区再到美国，开启了又一次"取经"之旅。2008年春节刚过，我带领团队抵达美国北卡罗来纳州夏洛特市的Sunrise养老社区参观，一下子就被美国老人那种生命的活力和悠然的生活方式所震撼，暗自下定决心，一定要把这种商业模式带到中国来，坚决改变中国老年人对生命的态度和生活方式。

这就是泰康的初心。在不同的阶段，我们的梦想、我们的使命在不断升华，但我们的初心从未改变。我们一步一步在进化，一步一步从梦想走进现实，而且现实比梦想来得更伟大！

创新永续，构建长寿时代泰康方案

泰康二十五年成长的历史，就是一部前赴后继、浩浩荡荡、波澜壮阔的创新史。这次司庆，我们特地增设创新奖，隆重表彰二十五年来的重大创新项目，推出了记录我们创新历程和实践的文集《创新永续》。这是我们全体泰康人智慧的结晶，将被永远记录、留存，激励我们泰康的后浪！

二十五年来，我们从率先模仿走向自主创新。我们抓住日益增长的中产人群，以家庭和家庭价值观为核心，提出"一张保单保全家"，开启"买车、买房、买保险"的新生活方式，打造了独具特色的寿险品牌。

我们牢牢把握人口老龄化的趋势，把虚拟的保险和实体医养结合，整合老年生命产业链，以一家企业的创新实践，为三百年成熟的寿险业带来了新气象。

十四年来，我们从进军养老到医养融合，从构建大健康生态体系到形成长寿时代泰康方案；我们积少成多、由点到面、从局部到体系，走对了方向，道路就越走越宽广。

十四年坚定不移，我们不断凝聚共识、持续创新，倾注了泰康人无数的心血。今天，市场上对养老社区商业模式的怀疑、观望、误解甚至轻蔑，都已成为过往，泰康的创新引起同业竞相跟随、学习和模仿。

十四年磨一剑，我们开创了一种全新的寿险商业模式。我们打造了高品质、候鸟式、全国连锁、医养融合的泰康之家，结合幸福有约年金产品加长寿社区入住确认函，锁定未来的养老生活方式，升级了传统的资产负债结构。在负债端，幸福有约这一创新产品改变了人寿保险不具有批量高净值客户的历史，诞生了健康财富规划师这个崭新的职业，开创了全新的体验式营销模式。在资产端，我们构建了一个与生命等长的长坡筹资模式，实现了巴菲特的长期投资与复利效应。长长的坡、宽宽的道、厚厚的雪，滚世界上最大的雪球。三十年是复利现象、五十年是复利之花、七十年是复利之神。

我们为中国老年人提供了一种全新的生活方式。泰康之家已经成为泰康居民们温馨的家园、开放的大学、优雅的活动中心、高品质的医疗保健中心和精神的家园。钱理群教授在燕园生活、读书、写作，六年时间出版了8本书，达到他人生创作的新高峰，这就是泰康之家的价值所在。他和崔可忻老师的故事就是中国版的《最好的告别》，完美阐释了什么叫高贵而有尊严的生命，我觉得他们就是泰康居民最好的代表。

我们为寿险业注入了实体经济与民生的属性。投资、建设和运营医养康宁实体，让整个寿险业脱虚向实，切实满足人们对养老和健康的刚性需求，让人寿保险成为实体经济的一部分，让寿险公司真正成为大健康、大民生和大幸福工程的核心骨干企业。

就是在这些创新实践的基础上，我们构建了长寿时代的理论体系与企业解决方案。《长寿时代》这本书已经全线发售，这是对人类未来的深入思考与透视，是对泰康方案创新与实践的全面总结和系统介绍。泰康事业有了系统理论的指导，行业发展有了原创理论的支撑。

未来三五十年，人类社会将进入百岁人生的长寿时代，进入人口结构与增长的新均衡，生命尺度发生本质变化，"带病生存"成为常态，养老、健康成为最大的需求也是最大的挑战，健康时代和财富时代随之而来。

泰康方案积极应对长寿时代，将虚拟的保险支付与实体医养康宁服务相结合，纵向整合全生命周期产业链，构建大健康产业生态体系，为满足长寿时代人们养老、健康的需求提供了一个更优化的筹资模式与服务平台，是一个世界性、系统化的颠覆性创新。

创新永续，创新永无止境。我们拥抱长寿经济，解决长寿社会的挑战，必将成为长寿时代的主流企业，引领未来三十年甚至五十年的持续增长，必将带领泰康走向百年辉煌，走向基业长青！

商业向善，以人为本、造福社会

改革开放四十多年来，中国的民营企业从无到有、从小到大、由弱变强。中国企业和企业家要实现自己的理想与价值，要获得社会认同和尊重，就一定要成为正能量的代表，成为这个时代的榜样与楷模，就一定要坚定践行商业向善。

商业向善是一种价值观。首先是不作恶。过去一段时间，我们看到有个别保险企业严重损害了社会公共利益，纷纷被国家接管。其次是不骄横。企业再大也不能滥用影响力，一些自以为大而不倒的企业，没有守住市场地位和资本力量的边界，背离了社会的期待。

泰康二十五年来深耕寿险，坚守专业化，规避多元化商业模式的风险；坚持市场化，走亲清政商关系的道路；遵循规范化，不偷、不抢、不争，始终做市场和监管的好学生。"三化三不"是泰康立司之本，是泰康永远坚守的底线，是泰康事业永续的基础！

商业向善就是以人为本。人类社会的终极目标，就是社会的和谐、家庭的幸福、身体的健康。一个完整的生命构图，要有童年的纯真、少年的狂野、中年的潇洒，也要有老年的神闲。泰康就是为传统上不被重视的老年阶段，提供一种崭新的生活方式，让生命充满活力，让生命更有尊严。这是真正的以人为本、以生命为本，是真正践行一个社会组织的最根本使命。这就是商业向善。

商业向善就是要造福社会。福特先生当年的梦想，就是让他的工人能开上他们自己生产的汽车，他开创汽车流水线生产模式，降低了生产成本，让汽车逐步进入每一个普通家庭。乔布斯认为"活着就是为了改变世界"，带领苹果公司让人类社会加速进入无线互联时代。

泰康方案让支付与服务变得更安心、更便捷、更实惠，正在改变人们的养老观、健康观、生死观。我们的初心、我们所有的创新、我们所有的奋斗和努力，都是为了让"从摇篮到天堂"这个美好的梦想变成活生生的现实商业模式。我们正在做，我们正在做到！

我们要进一步推进长寿时代泰康方案的落地，通过复利效应提升人们养老、健康的支付能力，提升医养康宁服务的效率，让更多的人都能享受到高品质的老年生活与服务，推动一场轰轰烈烈的养老革命。

迎接泰康更加美好的三十年

今天，我们正迎来时代大变局：中国崛起、中美博弈影响世界，带来全球化和世界格局的大变局；科技进步和"双碳"形成对工业文明及其底层能源结构的一次否定之否定，带来文明形式和生产生活方式的大变局；长寿时代，百岁人生，人口结构与增长进入一个新的均衡，这是人类自身的大变局。泰康方案正是应对这些大变局，特别是为人类自身的大变局贡献的企业解决方案。

站在新起点，开启新三年、新五年的伟大征程，勾画泰康更加美好的三十年。

我们的定位是：为日益增长的中产人群及其家庭打造长寿、健康、财富的服务平台。

我们的战略是：构建"从摇篮到天堂"的大健康产业生态体系。

我们的使命是：让保险安心、便捷、实惠，让人们长寿、健康、富足。

我们的愿景是：让泰康成为人们幸福生活的一部分。

我们的价值观是：尊重生命、关爱生命、礼赞生命。

方向已明，战略已定。未来五年，我们要坚定战略路径、保持战略优势，脚踏实地、埋头苦干、深入一线、深入细节、精益求精，全面进入专业经营、精细管理、追求效益的新阶段，管理资产、营业收入要再翻番。

悠悠万事，支付为大。未来五年，我们要坚定把三大闭环层层推进，打造成熟，成为长寿时代的领头企业。

未来五年，我们坚定布局服务，推进城市名片战略，打造城市老年生命产业链和服务体系。

未来五年，我们要坚定投资与建设生态、数据科技驱动、打造软实力，引领长寿时代话语权。

未来五年，我们要坚定地推进高效协同，五个子公司紧紧攥成一个拳头，构造高效的大健康产业生态体系。

未来五年，我们要坚守我们的文化和价值观，坚定干部年轻化，完善人才培养体系，坚定效率革命，坚定风清气正，奠定基业长青的坚实基础！

各位来宾，各位朋友，各位亲爱的泰康伙伴：二十五年的奋斗，让泰康成了一家世界500强中的大健康头部企业，成为这个行业的创新者、引领者。我们的事业建立在以人为本的基础上，建立在真正服务民生的基础上，建立在解决长寿时代挑战的企业方案上，将获得生生不息的发展动力，将拥有长盛不衰的生命力！

各位来宾，各位朋友，各位亲爱的泰康伙伴：今天我们隆重授勋表彰332位泰康功勋贡献者，你们是泰康全体内外勤员工的优秀典范。我们隆重表彰 18 个创新项目，你们是泰康持续引领市场潮流、让泰康成为行业标杆的不竭动力。我们隆重评选出 10 大"感动人物"，你们是泰康精神的化身与优秀代表。还有 16 位五星金司徽的获得者，你们与泰康共成长，是公司二十五年发展的亲历者和见证者。今年我们还有 79 位杰出的泰康销售之星将在星光大道上留下手印，你们是泰康伟大销售队伍的杰出代表和骄傲！

公司感谢你们，永远铭记你们的奉献与荣耀，向所有的获奖者致敬！向我们二十五年的奋斗致敬，向泰康更加美好灿烂的明天致敬！

各位来宾，各位朋友，各位亲爱的泰康伙伴：优秀的企业提供卓越的产品与服务，创造财富、解决就业、缴纳税收、承担社会责任。伟大的企业与时代共进共荣，解决时代最核心的挑战，让人们的生活变得更加美好。

初心不改，创新永续，商业向善。我们就是要用市场经济的方式方法，实现全心全意为人民服务的伟大理想。我们就是要用敬业和专业，实现长寿时代泰康方案的宏伟蓝图。我们就是要用"零点精神"、抗疫精神、创新奋斗精神点燃我们心中的梦想，扬帆远航，去迎接泰康三十年的新辉煌！

目标纯正、心无旁骛，做正确的事，时间就是答案！

祝所有人长寿、健康、富足，一生泰康！

拥抱新寿险，迎接行业高质量发展[①]

党的二十大报告指出，高质量发展是全面建设社会主义现代化国家的首要任务。我国寿险业自1982年复业以来蓬勃发展，仅用四十余年时间就走过了发达国家上百年走过的道路，成为全球第二大市场。但近年来，寿险业陷入承保业务增速放缓和投资收益下降的双重困境，全行业都在寻找高质量转型的方向和出路。

2023年10月中央金融工作会议明确指出，要做好科技金融、绿色金融、普惠金融、养老金融、数字金融五篇大文章。国务院也发布了《国务院关于推进普惠金融高质量发展的实施意见》，提出支持保险服务多样化养老需求，鼓励保险公司开发各类商业养老保险产品，在风险有效隔离的基础上，支持保险公司以适当方式参与养老服务体系建设，探索实现长期护理、风险保障与机构养老、社区养老等服务有效衔接。

综合国内外寿险业发展的经验教训和泰康的创新实践，我

---

① 陈东升发表在《中国银行保险报》（2024年1月3日）的署名文章。

们认为寿险业传统的"负债+资产"二维结构模式面临重大挑战。特别是在老龄化加速、长寿时代即将来临的背景下，覆盖全生命周期的医养康宁服务应当成为以人为本的寿险业的新主业。泰康把实体的医养康宁服务与传统寿险结合，将"服务端"引入传统寿险的二维结构，形成了"支付+服务+投资"三端协同的新寿险，为行业的高质量转型提供了方向和路径。

我国寿险业高质量转型面临的三重挑战

回顾人寿保险的历史，大数定律、生命表和资产负债表三者构建了现代寿险及其商业模式。大数定律和生命表的发现与制定，让寿险产品有了定价的标准和依据。而资产负债理念在寿险业的应用，确立了保险资金运用管理等一系列现代化发展的重要原则，推动了寿险公司逐步建立起更加审慎的资产负债估值标准，形成了以偿付能力充足率为核心的现代寿险资产负债匹配平衡的模式。

基于负债端寿险产品定价和销售产生的死差与费差，以及基于资产端保险资金运用带来的利差，也构建起传统寿险的价值链。不过这种负债和资产双驱动模式在寿险业进入成熟周期后，其价值链边际效益正在递减。全球寿险深度在21世纪初达到近4.6%的顶峰，现在已逐步回落至20世纪90年代的水平，在低增速区间逐步发展；近二十年全球寿险业保费收入增速不到名义GDP增速的一半，且成本大幅上升。而在资产端，全球成熟市场基本都经历了低利率甚至零利率市场环境，投资收益长期处于低位。中国寿险业在经过高速发展之后，也进入深度调整阶段，高质量转型面临着三重挑战。

第一，负债端创新不足，同质化竞争加剧。首先是产品的同质化。产品同质化必然导致低价竞争，带来价格战，最终影响行业的持续健康发展。近年来我国寿险业两个主要长期产品年金险和重疾险的保费与价值双双负增长，带来当年新单保费收入和新单价值的持续萎缩。

产品同质化的背后是客户的同质化。由于缺乏对客户的差异化定位与分层经营，整个行业都在针对客户的基本保障和理财进行过度竞争，且主力客群首张保单开发超过60%，行业亟须发掘和满足客户新的切实需要。

再就是销售队伍和经营模式的同质化。到21世纪初，我国寿险业主要营销渠道和经营模式基本成形，1992年友邦将代理人制度引入国内，大多数寿险公司走上了通过人海战术进行快速跑马圈地的道路，经营上采用产说会、炒停打点和短期激励等方式。但目前保险执业收入竞争力减弱，灵活就业分流明显，寿险销售从业人员从高峰期的超700万下降至不足300万。

第二，资产端面临宏观逻辑变化带来的不确定性和投资收益下降的挑战。从国际上看，百年未有之大变局加速演进，全球地缘政治、经济格局变化使世界经济发展不确定性增强。具体到国内，经过40多年的改革开放，工业化、城市化基本完成，进入后工业化阶段。与发达经济体的经验类似，我国经济从高速度进入中低速、高质量发展的阶段，过去赚大钱快钱的时代已经结束，进入赚慢钱长钱的时代。

同时，在工业化、城市化的过程中，房地产、基础设施建设是推动中国经济增长的核心动力之一，现在正向绿色经济、数智经济和民生经济转型，新的动力还在成长之中。目前市场上无风险利率持续下行，权益市场向上趋势并不明朗，投资收益下降。

第三，人口老龄化加速，长寿时代即将来临，将对整个社会结构带来根本影响。长寿时代是进入超级老龄化社会后的一种新常态，具有五个特征：低死亡率、低生育率、寿命延长、人口年龄结构从金字塔结构转变为柱状结构、平台期老龄人口占比超过四分之一。中国还面临老龄人口规模大、增速快、未富先老的挑战。根据预测，到2040年，中国65岁及以上人口将占总人口的22%，向长寿时代迈进，这必然对社会结构与经济发展带来颠覆性影响。

长寿时代的本质就是百岁人生时代来临，人人带病长期生存。健康、养老成为最大的挑战，也是最大的民生。所以长寿时代就是健康时代，而带病长期生存必然给社会和个人支付带来压力，财富时代随之而来。寿险业的高质量转型要抓住长寿时代人们健康、养老和理财的需求，一是提升负债端的专业能力与效率；二是在资产端打造长期稳健的复利能力，更重要的是切实满足长寿时代人们对美好生活的需要。

美国人身险行业发展的经验与教训

美国是全球最大的人身险市场，目前已经形成传统寿险、年金和健康险三足鼎立的格局。但传统寿险产品保费收入占人身险保费的比重从1950年的76%降低到2010年的18%，最近十年才稍有提升，达到25%左右。而年金和意外及健康险占比则持续提升，分别从1950年的11%和12%，提升至2021年的45%和30%。同时，寿险公司在美国商业意外及健康险市场和个人退休金市场所占份额也一直在下降。商业意外及健康险市场方面，2021年寿险公司仅占16%，健康险公司占84%；在个人退休金市场，到2022年寿险公司所占份额仅为5%，主要被共同基金、证券和信托公司瓜分。

此外，美国寿险业在整个金融业的地位也一落千丈。在20世纪50年代，美国寿险业金融资产一度接近金融公司总金融资产的15%，到1970年后该值已经下降到8%左右。麦肯锡在分析美国前20强上市寿险公司、银行、资产管理和证券经纪公司数据后发现，过去35年，美国最大的寿险公司相对于其他金融服务机构的市值份额比率从1985年的40%下降到2005年的17%，到2020年仅剩9%。

美国寿险业式微最核心的原因，是没有足够重视人口结构与需求变化，放弃了在传统寿险及健康险上的优势，错失了健康险市场，又在竞争中丢掉了养老金市场。在美国寿险业发展早期，客户的主要需求是对死亡造成的财务风险寻求保障。因此，寿险公司凭借终身寿险为主的传统寿险产品，享受了近一个世纪的自然增长。到了20世纪中叶前后，人口寿命延长、替代性产品等对传统寿险产生不利影响的因素开始显现。美国寿险公司减少了对中产人群传统寿险需求的关注，转而向富裕人群销售年金，但没能把握后续客户需求的变化趋势，错过了健康险市场的发展时机。比较有代表性的是1995年大都会主动以15亿美元的价格把健康险业务卖给了联合健康，专注于纯寿险业务，直接导致其失去了在健康险市场的竞争机会。同时，资产管理公司、证券公司及共同基金等的兴起，又抢走了寿险业引以立足的中产人群的储蓄和个人养老金市场。

而美国健康险公司主动对接了人口老龄化带来的医疗健康的需求，逐步整合医疗服务资源，形成了一种"保险支付＋健康服务"的创新商业模式。作为美国最大的健康维护组织之一，凯撒医疗集团早在 20 世纪 30 年代就开启健康险"支付＋服务"的创新。依托于健康险公司、自建医院和自营医生集团，凯撒医疗集团打造了健康险销售、健康医疗服务和理赔支付的健康闭环。客户整体健康保险费用可以比同业低 20% 左右，也改善了健康险经营中面临的高医疗费用赔付压力，实现保险服务成本与高效医疗服务的平衡。

这种"支付＋服务"健康闭环模式的优势，也吸引了美国的医疗医药服务方主动寻求与健康险公司结合。美国最大的连锁药店西维斯健康集团通过收购安泰保险，实现了保险支付方与医疗服务方的深度结合。近期哈门那与信诺集团谋求整合也是基于这个目标。

现在美国最大的五家健康险公司都形成了"支付＋服务"经营模式。其中联合健康掌控了全美最大规模的医生组织，也通过医疗科技、药品管理、自建/收购医疗中心来提高健康险经营能力，在美国医疗、药品费用快速上涨的几十年周期中，较为有效地控制了赔付支出，为美国健康险客户提供稳定保障的健康险产品。目前，大都会人寿的市值不到 500 亿美元，而联合健康的市值已经接近 5000 亿美元。

因此，面对人口老龄化加速、长寿时代呼啸而来的趋势，中国寿险业的高质量发展，一定要抓住人们长寿化带来的健康与财富的原生需求，创造新的商业模式，把医养康宁作为寿险的主业与核心竞争力，形成寿险业在金融业的比较优势，推动寿险业的长期稳定发展。

泰康创新"寿险支付+养老服务"模式,穿越周期

泰康很早就关注到中国人口老龄化的趋势,2007年开始尝试进入养老服务领域,并在2009年获得行业首个由保监会批准的投资养老社区试点资格。2012年,泰康推出行业首个对接养老社区的大额年金产品"幸福有约",自建自运营的高品质养老社区泰康之家·燕园也在北京昌平奠基。人身险行业首个"寿险支付+养老服务"的创新商业模式正式成形。

因为养老和医疗分不开,泰康又进入医疗领域,在每个养老社区配建康复医院的同时,通过自建、投资和合作等方式打造多层次医疗服务网络,并拓展到生命关怀领域,将"寿险支付+养老服务"的模式,升级为"寿险+养老服务""健康险+医疗服务""保险金+投资"的长寿、健康、财富三个闭环,构建企业通过商业方式应对长寿时代挑战的泰康方案。

泰康方案的本质,是为应对长寿时代挑战打造最优的筹资模式,提高人们的支付能力;同时建设覆盖全生命周期、一站式的高品质医养康宁服务体系,形成从筹资到服务、从投资到支付的大健康产业生态体系的大闭环。客户通过人身保险平滑长寿及健康风险,实际上是为未来的养老和医疗筹资,泰康一站式的实体养老和医疗服务体系,改变了目前市场上健康养老服务碎片化的现状,为客户锁定了未来的生活方式;而通过保险金的投资实现复利增值,又确保了客户未来的支付能力。

泰康方案将寿险业从过去的销售驱动转向服务驱动,将传统寿险以队伍为核心转向以客户为中心。在传统寿险客户、产品、渠道的"金三角"中，寿险公司的经营逻辑是以"队伍"为核心，通过经营销售队伍来服务客户。泰康将实体医养服务引入传统寿险，以基于客户需求的服务来推动传统寿险销售，改变了寿险业传统的经营逻辑。

同时，幸福有约大额年金的标准定价，在传统寿险以中产人群为主力客群的基础上，自然地将客群拓展至富裕人群，改变了寿险没有批量产生高净值客户的历史。"支付+服务"的模式与产品以及客户群体的变化，也对代理人的素质和专业能力有了更高的要求，泰康在此基础上打造健康财富规划师这一职业，以"保险顾问+医养顾问+理财顾问"为基本职业素养，重新构建了寿险经营客户、产品、渠道的"金三角"。

而保险产品与医养实体的结合，也带来了对传统寿险营销方式的变革。自复业以来，我国寿险业的营销方式经历了从个人陌生拜访的单兵作战到产说会团体作战的变化，但本质上都是从观念到观念、从保单到保单。泰康基于医养实体，创新推出一种场景化的体验式营销方式，在客户购买保险之前，可以到泰康的医养实体场所体验未来的养老和健康生活方式。保险从"冷产品"变成了"热服务"，保险公司与客户从一种看得见摸不着的合同关系，变成了互相可接触、可体验和可感知的服务关系。

泰康的创新改变了传统寿险的生产关系，带来了生产方式的变革，构建了符合市场规律、符合消费者需求、符合时代发展潮流的商业模式，为行业的高质量转型发展提供了一个方向和路径。

一是创新驱动，提升寿险公司的生产力与销售效率。幸福有约以标准定价的方式，直接提升了代理人的生产力。以健康财富规划师为代表的专业化、职业化、绩优化队伍，加上场景化体验式营销的生产方式，切实提升了销售效率。

二是打造平台，拓展了服务客户的广度与深度。传统寿险很少有服务老年客户的产品，只能满足客户或家庭两代人的保险保障需求。泰康从客户的养老、健康医疗需求入手，构建了服务"老中少"三代人全生命周期的生态平台；提供的产品从保险与财富管理，延伸到实际的养老与健康医疗，拓展了代理人服务客户的广度与深度，增强了寿险公司、代理人与客户三者之间的黏性。

三是增加收入，提升代理人的留存率，确保队伍的稳定性。泰康模式带来的产品多样化与效率提升、客户圈层以及服务广度与深度的扩展，拓展了行业的边界，拉长了代理人的销售与服务链，增加了代理人获取收入的渠道，有利于代理人队伍走向专业化、职业化、绩优化，有利于代理人的长期留存和队伍的稳定发展。

到2023年底，泰康已在全国完成34个城市39家高品质、大规模、候鸟连锁的医养融合养老社区布局，其中20家已经投入运营，全国五大医学中心也在陆续落地。幸福有约保单年销售量从2012年的300单增长到4.6万单，新单价值贡献占比超过1/3，幸福有约客户突破20万人，健康财富规划师队伍超过1.5万人，有力地支撑了泰康近几年的稳定健康发展，成为泰康穿越传统寿险周期的坚实基础。

构建新寿险，助力行业高质量发展

泰康的创新探索与实践，将传统的虚拟保险业务延伸到实体的医养康宁服务领域，实际上在传统寿险的"负债+资产"二维结构中，加入了医养康宁的"服务端"。"支付+服务+投资"三端协同，构建了新寿险。

新寿险改变了传统寿险资产负债表的底层结构和逻辑。传统寿险业是典型负债经营的行业，保险客户缴纳的保费就是负债，这个过程中会产生正或负的死差与费差。这些负债进入投资账户，通过固定收益、债券股票投资以及不动产等另类投资获得收益，根据保险合同支付给客户红利后，结余部分或缺口成为寿险公司的利差及利差损的来源。

以"寿险支付+养老服务"的长寿闭环为例。支付端与投资端的结合，构建了一个新资产负债框架。在支付端，幸福有约带来的保费是负债，进入投资端后投资于养老社区与医院实体。虽然本质上没有改变传统寿险资产负债的底层逻辑，但通过幸福有约对接养老服务，客户的保单到期后可按月领取保险金支付养老费用，剩下的部分仍然在账户里复利增值，让整个负债端的久期延长20~30年。更长的负债久期，直接改变了传统负债端的结构，也为投资端提供了更为长期稳定的资本，有利于进行长期的投资规划，获取稳定的投资收益，助力负债端的持续发展。当然，这也对投资端的投资逻辑和选择提出了新的挑战。

而支付端和服务端的结合，可以产生乘数效应与价值效应。高品质的养老社区天然地满足了中高净值人群对长寿时代未来幸福生活方式的需求。根据泰康实际运营情况测算，每一张养老床位可以支撑大约20张幸福有约保单的销售，形成了服务端对支付端的乘数效应。而支付端也可以为服务端提前锁定源源不断的客户，形成了支付端对服务端的价值效应。

同时，投资端和服务端结合，也可以起到基石作用和压舱石作用。大规模、长期性、需求稳定回报的保险资金，正好与医养康宁实体投资的重资产、长周期、稳回报匹配，成为撬动长寿时代大健康基础设施建设的基石。原来投向不动产的资金，聚焦到投资细分的养老社区和医院这种长寿时代抗周期的优质不动产标的，成为利率下行趋势下保险公司获得长期稳定回报的压舱石。这也是寿险公司在医养康宁领域与其他产业竞争的最大护城河，寿险公司也借此找到了建立与其他金融业竞争的比较优势的路径。

新寿险引入服务端，也为应对互联网保险与科技的挑战提供了路径。当前，大数据、人工智能等保险科技也正在推动产品、市场、渠道、定价、核保及理赔等整个保险价值链的重塑，给传统寿险的发展带来了冲击和挑战。但是消费者的核心需求没有变，人们通过保险管理风险和规划未来生活的出发点没有变，最核心的是消费者现实的医疗和养老需求最终还是需要在医养实体里得到满足。寿险公司从虚拟保险向实体医养服务延伸，就是牢牢抓住消费者最基本、最终极的需求，成为应对互联网保险与科技挑战的关键路径。

新寿险打造最优的筹资模式和覆盖全生命周期的一站式高品质医养康宁服务体系，增强了寿险业的民生属性。投资、建设和运营医养康宁实体，切实满足人们对养老和健康的刚性需求，让人寿保险更好地服务实体经济，让寿险公司真正成为大健康、大民生和大幸福工程的核心骨干企业。

所以，中国寿险业要吸取美国寿险业衰落的教训，应对其他行业竞争与科技进步带来的挑战，就要坚定地拥抱医养实体，牢牢抓住寿险、养老金和健康险三大市场，在传统寿险销售能力、投资能力的基础上，将医养康宁的服务能力打造成新的核心竞争能力。

寿险公司与医养康宁实体结合可以采用多种方式。一种是泰康采用的以自建为主的重资产的"苹果"模式，另一种则是以收购、签约、合作为主的轻资产的"安卓"模式。总的来说，大型头部寿险公司可以探索"苹果"模式，建立自有的机构养老品牌；而中小型寿险公司更适宜探索"安卓"模式，或者深耕区域市场形成品牌。

结语

保险业作为我国社会保障体系的重要支柱和社会治理体系的组成部分，发挥着经济减震器和社会稳定器的功能。在长寿时代背景下，实现老有所养、老有所依是发展养老金融的必然要求。将医养康宁作为寿险的新主业，不仅是寿险高质量转型的路径，更是推动长寿时代医养供给侧改革的有益探索。希望更多的同业者能够加入泰康的探索，为应对长寿时代的挑战，为行业的高质量转型和社会整体福利的提升，为社会和谐、家庭幸福和身体健康做出我们行业应有的贡献。

致谢

我一直有个观点，企业家是一个国家和民族强盛的筋骨，中国式现代化的实现和中华民族的伟大复兴，离不开一代接一代、一拨接一拨企业家的创业与创新。始于1978年的改革开放，让中国大地生机勃勃、欣欣向荣，涌现了一大批优秀企业和企业家。现在中国的工业化、城市化基本完成，经济深度调整，从高速增长转向高质量发展阶段，也进入真正的企业家的时代。作为先行者，给后来者最好的礼物，就是把自己的经验与教训无私地分享出来，供他们参考借鉴。

但这显然不是一件容易的事情。2013年，泰康的品牌部门把我在公司和外部的一些讲话集结起来，整理成《战略思维》一书。但这本书本质上还是一个讲话集，在2016年进行更新再版的时候，我就有将其进行体系化整理的想法，但各方面条件，包括我自己的思考都不太成熟，就搁置了下来。

这些年我经常受邀给武汉大学校友企业家联谊会、楚商、湖畔研修中心，特别是现在亚布力成长计划的年轻企业家分享我对战略的思考。在交流的过程中，他们也给了我很多启发，加上自己在企业经营管理实践中的学习体会，进一步提升了我对打造一家成功企业的方法与路径的认知。2020年，团队把我的这些思考整理成《战略决定一切》一文，发表在《哈佛商业评论》（中文版）上。杂志社特别邀请拉姆·查兰的中国合伙人、企业家教练杨懿梅女士撰写了《泰康战略：一种长期主义的坚守》一文进行解读。

《战略决定一切》这篇文章引起了广泛反响，也重新激发了我围绕战略这一主题进行深入探讨和写作的热情。在2021年初，田鑫牵头，与李明强、安轶组成了最早的内容整理团队，并邀请杨懿梅担任内容顾问，一起梳理书的结构和逻辑。在三年多的时间里，我们一起讨论，反复修改，前后写了六稿，最终才形成现在的结构和内容。在这个过程中，王珊、曹知立、席子尧、马瑛、陶雯、徐竹西、路晓丹、李璟媛等同事也先后参与进来，为书稿的最终成形做了大量工作。感谢这些重要的贡献者。

为了让大家更好地理解泰康战略的变化，以及我作为一个企业家思想认知不断提升和成熟的过程，我在附录中选取了8篇文章，包括2018年改革开放四十年时我在亚布力论坛年会上的闭幕演讲，我在泰康开业典礼以及成立五周年、十周年、十五周年、二十周年、二十五周年庆典上的讲话，以及2024年元旦后我在《中国银行保险报》发表的署名文章，这是我关于泰康战略与商业模式最新、最系统也最全面的分享。除了五周年、十周年和十五周年的讲话在《战略思维》一书有收录，其他内容都是首次集结在一起，有兴趣的读者可以结合起来阅读。

当然，这本书本质上是一部泰康的思想史、实践史、创新史，是泰康集体智慧的结晶。不论在日常的经营管理还是在具体写作过程中，刘挺军、段国圣、苗力、刘渠、周立生、李朝晖等泰康高管都无私地分享自己的见解和经验，使得这本书更加丰富和完善，他们也是本书最早的读者。此外，朱久华帮忙梳理了泰康法人治理历程和相关细节；陈莉在公司经营治理方面给我带来重要启发；朱延明、高悦在风险和偿付能力等内容方面提供了不少专业意见；谷昂晟、周雄志、雒秋群、吕佳泰、陈默、叶音、王圆圆、周松文等帮忙理清核对了很多泰康历史事件与数据，为本书的最终成稿和出版提供了切实的帮助与支持。

更重要的是，我想以这本书向改革开放致敬，向伟大的时代致敬。感谢所有改革的思想者、实干者，感谢所有市场的启蒙者、建设者，感谢所有脚踏实地的追梦者、奋斗者，是他们共同造就了中国经济的腾飞与繁荣，推进中国式现代化建设，也为民营经济"五六七八九"的成长培育了肥沃的土壤。也感谢所有的前辈、师长，感谢所有的朋友、同行与竞争对手，感谢所有嘉德和泰康的同人，没有你们的支持、帮助与鼓励，就没有今天的泰康和现在这部作品。

最后，谨借此机会对中信出版集团商业家团队致谢。这是我与中信出版集团的第三次合作，感谢出版社各业务部门同人在审校、排版、设计上所付出的辛劳。书中的一些词语和表达都是经过反复商讨和斟酌才确定下来的，向你们展现出的精益求精的工作态度表达深深的敬意。正是因为有你们的不懈努力和支持，《战略决定一切》才能顺利面世。

再次对所有参与过本书撰写和出版工作的人表示感谢！我希望这本书能够为更多企业家、创业者和管理者提供有价值的参考，共同推动中国商业创新与实践；也希望所有关心泰康的朋友与客户能够从中了解泰康的战略、文化与价值观，了解我们的初心与理想，这些都是我们坚定推进泰康事业决心的基础；更希望通过泰康的努力，能够真正改变长寿时代中国老年人对生命的态度和生活方式，让泰康成为人们幸福生活的一部分！